Reinhard Stengel

Rainbowman

Seelenschamanische Energiearbeit

ISBN 978-3-8434-1042-7

Reinhard Stengel:	Umschlag: Murat Karaçay, Schirner,
Rainbowman	unter Verwendung von # 8742024
Seelenschamanische Energiearbeit	(Sunnydays), www.fotolia.de
Copyright © 2012	Redaktion & Satz:
Schirner Verlag, Darmstadt	Bastian Rittinghaus, Schirner
	Printed by:
	OURDASdruckt!, Celle, Germany

www.schirner.com

2. Auflage Dezember 2012

Inhalt

Vorwort

Viele spirituelle Gruppen bedienen sich der Philosophie und der Heilmethoden der Schamanen verschiedener Naturvölker, weil deren Erkenntnisse und Erfahrungen uns zeigen, dass der Weg, den sie vorgeben, Lösungen bietet, die anderswo nicht zu finden sind.

Es stellt sich die Frage, wie sich dieses uralte Wissen der Schamanen mit unserem persönlichen Lebensweg, unserem Bedürfnis, der Menschheit zu helfen, und unserer Sehnsucht nach Gesundheit und nach Harmonie mit dem Universum verbinden lässt.

Die Erfahrungen, die ich über viele Jahre machen durfte, die Zusammenarbeit mit Schamanen, Geistheilern, Energiearbeitern und Ärzten haben mich darin bestärkt, meine Arbeit auf dem schamanischen Weg weiter auszubauen und meine eigenen Studien zu intensivieren.

Da ich zu der Ansicht gelangt war, dass diese Arbeit über schamanische Philosophie, schamanisches Wissen und schamanische Techniken unbedingt weitergegeben werden sollte, kreierte ich eine Seminarreihe mit zwölf Modulen.

In diesen Seminaren können Interessierte dieses alte Grundwissen, das in jedem von uns schlummert, erlernen und wiedererwecken.

Viele meiner Schüler haben mich immer und immer wieder gebeten und gedrängt, dieses Wissen für jeden zugänglich zu machen. Deshalb habe ich mich dazu entschieden, mein Wissen über und meine Sichtweise auf schamanische Energiearbeit in Buchform festzuhalten. Schamanen sind gute Erzähler, aber nicht unbedingt versierte Schriftsteller. Ich habe deshalb meinen Freund, den Schriftsteller Manfred Eichhorn, damit beauftragt, dieses Buch für mich zu schreiben. Er hat auf Grundlage meiner Erzählungen auch meine Lebensgeschichte niedergeschrieben, die den ersten Teil des Buches ausmacht. Schließlich musst du ja wissen, wer dir da etwas über Seelenschamanismus erzählt.

Viel Freude beim Lesen

Reinhard Stengel

Vorwort von Manfred Eichhorn

Reinhard Stengel, den *Rainbowman,* in einem Vortrag zu erleben, ist ein Ereignis. Kein Wunder, dass er, wohin er auch kommt, ganze Säle füllt. Sein schamanisches Wissen paart er dabei mit einem Humor, der einem Comedian gut anstehen würde. Seine Demonstrationen vollzieht er während eines Vortrags vollkommen mühelos, und er ist jedes Mal selbst verblüfft, wenn seine seelenschamanischen Heilmethoden Wirkung erzielen. Und er kommentiert, mit dem Staunen eines Kindes in den Augen, dass das, was er da macht, nichts Besonderes sei. Jeder könne das, Sie oder er müssten diese Kräfte lediglich wachküssen.

Als Reinhard Stengel mich gefragt hat, ob ich bereit wäre, dieses Buch für ihn zu schreiben, habe ich spontan zugesagt, ohne freilich zu ahnen, was mich da erwartete. Denn obwohl das Sortiment unserer eigenen Buchhandlung in der Hauptsache aus spiritueller Literatur besteht, habe ich mich als Autor stets anderer Formen der schönen Literatur bedient: Krimis, Kinderbücher, Erzählungen und Romane, Theaterstücke, Gedichte und Märchen gehören zum Kaleidoskop meiner Arbeit. Mich als Ghostwriter zu verdingen, schien mir geradezu unmöglich. Mein spontanes Ja hat mich selbst überrascht. Was also reizte mich an dieser Arbeit?

Es war wohl der Wunsch, mich intensiver mit dem, was ich nur aus Vorträgen des Rainbowman kannte, zu beschäftigen, aus den Erzählungen, die ich auf Tonband aufgezeichnet hatte, etwas Lesbares zu zaubern. Dabei sah ich es als meine vorrangige Aufgabe an, die Schwingung des gesprochenen Wortes in das Buch herüberzuretten, vor allem da, wo er mit einer Geste, oft nur einem Blick statt näherer Erklärungen auskommt. Dies gilt für die Darstellung seiner seelenschamanischen Arbeit ebenso wie für die

Heilungsberichte aus seiner Praxis – und freilich auch für die Geschichte seines Lebens.

Jedem Vortrag voran stellt der Rainbowman die Bitte an seine Hörer:

Geben Sie Ihren Verstand bitte draußen an der Garderobe ab. Aber vergessen Sie nicht, ihn nachher wieder mitzunehmen.

Denselben Rat möchte ich Ihnen vor der Lektüre dieses Buches geben.

Manfred Eichhorn

Gaia oder die Entstehung von Mutter Erde

Ein Grundgedanke

Gaia, die Mutter Erde, ist als Wesen zu verstehen. Und im Vergleich zu uns ist Gaia ein ganz enormes Wesen, bedenkt man ihre Größe, ihre Kraftfelder, die Energie und die Vielfalt ihrer Formen, ihren Millionen von Jahren dauernden Entwicklungsprozess.

Die seelisch-geistigen Aspekte Gaias zeigen uns aber auch, dass sie ebenso ein multidimensionales Wesen ist wie wir Menschen. Ihre Rhythmen verlaufen anders als bei uns. Dennoch sind wir Menschen eng mit der Evolution der Erde verbunden und mit ihren jeweiligen Lernprozessen und Veränderungen verwoben.

Auch dieses neue Zeitalter schenkt uns die Möglichkeit persönlicher Wandlung, um alte Muster und Verstrickungen loszulassen und unserem göttlichen Selbst näherzukommen. Zugleich bietet uns Mutter Erde ihr Wandlungs- und Heilungspotenzial an, indem das Christusbewusstsein, das über die Erdenseele wirkt, uns Menschen in unserer Harmonisierung unterstützt und leitet.

Die Geschichte meines Lebens

Geh aufrecht wie die Bäume.
Lebe dein Leben so stark wie die Berge.
Sei sanft wie die Frühlingsbrise.
Bewahre die Wärme der Sonne im Herzen,
und der große Geist wird immer bei dir sein.

Weisheit der Navajo

Die Sonne stand im Zeichen der Waage

Am 9. Oktober 1950, morgens um Viertel nach sieben, kam ich in Wien auf die Welt. Die Sonne stand im Zeichen der Waage, mein Aszendent, wie Astrologen mir später berechneten, stand in demselben Sternzeichen, also dem der Waage. Diese Konstellation, so meinten sie, sei glücklich. Ich würde Erfüllung finden, wenn es mir gelänge, den Reichtum meines Wissens und Könnens in den Dienst der Menschheit zu stellen, um die Verhältnisse in dieser Welt zu ändern, damit sich die Menschen besser in ihr einrichten könnten.

Dass am selben Tag der Philosoph Nikolai Hartmann 69-jährig verstarb und der damalige deutsche Innenminister Gustav Heinemann aus Protest über die geplante Wiederbewaffnung seinen Rücktritt erklärte, berührte mein junges Leben so wenig wie alle astrologischen Prognosen und wie all die mehr oder weniger wichtigen Ereignisse jenes Tages, denen man in der Chronik unseres Jahrhunderts einmal einen Platz einräumen würde.

Die Welt, die ich vorfand, laborierte noch immer an den Wunden, die Krieg und Vertreibung ihr geschlagen hatten. Dabei drohte bereits ein neuer Flächenbrand, ausgelöst vom Krieg in Korea. Der wirtschaftliche Aufstieg, der in Deutschland peu à peu zum sogenannten Wirtschaftswunder avancierte, stand in Österreich noch in den Startlöchern. Mein Vater hatte keine neue Arbeit gefunden – kein Wunder, dass meine Eltern sehnsüchtig über die Grenze nach Deutschland blickten. Der Sehnsucht folgten bald Taten, und so kehrten wir meiner Geburtsstadt den Rücken.

Als Tagestouristen kamen wir über Bregenz nach Friedrichshafen und fanden Unterschlupf bei meinen Großeltern, die schon in Deutschland wohnten.

Meine ersten Lehrer
waren Steine

In Friedrichshafen, am Ufer des Bodensees, bin ich aufgewachsen. Der See und die Rotach, jener kleine Fluss zwischen Bunkhofen und Rotachmühle, der aus dem Pfrunger Ried über Horgenzell und Oberteuringen fließt und im Eriskircher Ried in den Bodensee mündet, waren mein Revier. Spielkameraden brauchte ich nicht. Bäume, Pflanzen, Höhlen und vor allem die Steine im flachen Flussbett genügten mir. Um die Natur und ihre Geheimnisse erforschen zu können, muss man schließlich allein sein. Und dort, an den Ufern des Sees und des Flusses, fühlte ich mich schon früh zu Hause, fühlte mich wohl, fühlte, dass das nun meine Heimat war.

Das änderte sich auch nicht, als ich in die Schule kam, wo ich schon bald als Sonderling verschrien war, weil ich das Alleinsein in der Natur den groben Spielen meiner Altersgenossen vorzog. Gingen diese nach der Schule auf den Fußballplatz, packte ich meine Sachen und durchstreifte die Wälder oder saß am Flussufer und beobachtete die Fische und das Spiel der Wellen. Freilich schwamm ich auch im See und im Fluss, selbst im eiskalten Wasser.

Ich war ein kleiner Bub mit kurzen Lederhosen, ging meist barfuß, um der Erde, auf der ich gerade stand, ganz nah zu sein; selbst in den ungemütlicheren Jahreszeiten, wenn die Kälte an einem hochkroch und der Nebel sich wie ein feuchtes Tuch um einen legte. Allein in der Natur zu sein, das war mir wichtiger als eine wohltemperierte Stube und vor allem wichtiger noch, als Schule und Hausaufgaben es waren.

Mein Vater ging um vier Uhr morgens aus dem Haus; er arbeitete auf dem Bau. Oft kam er erst spät in der Nacht wieder heim. Derartige Überstunden waren in den Fünfzigerjahren üblich. Mein Vater war schließlich froh, dass er überhaupt wieder Arbeit hatte. Das war noch immer nicht selbstverständlich, obwohl man sich in der Bodenseeregion nicht über mangelnde Bauaufträge beschweren konnte.

Meine Mutter war Forstarbeiterin und als solche vom frühen Morgen bis zum späten Nachmittag im Wald. So waren wir Kinder viele Stunden lang auf uns selbst gestellt; nur die Nachbarin schaute hin und wieder nach uns.

Wenn die Eltern am Morgen aus dem Haus waren, machte ich mich auf den Weg in eine Gärtnerei, die in unserer Nähe war. Dort gab es immer Arbeit für mich. Meist galt es, Gemüse, Obst und Blumen für den Markt fertig zu machen Danach ging ich in die Schule. An vielen Nachmittagen half ich im nahe gelegenen Pferdestall aus. Auch dort gab es immer etwas zu tun. Die Boxen mussten täglich gemistet und die Pferde gestriegelt und gebürstet und auf die Weide gebracht werden.

Sobald aber die Arbeit getan war, zog es mich wieder ans Fluss- oder Seeufer oder in den dichten Laubwald, der quasi vor unserer Haustür begann. Durch das Alleinsein konnte ich in der Natur tun und lassen, was ich wollte. Ich musste mit niemandem reden, musste niemanden neben mir ertragen. Allein in der Natur fühlte ich mich rundum wohl.

Soviel Freiheiten ich als Kind hatte, Regeln, die strikt eingehalten werden sollten, gab es auch. Eine davon lautete, pünktlich um fünf Uhr nachmittags, wenn die Mutter von der Arbeit kam, daheim zu sein. Verstieß man gegen die Regel, konnte man durchaus mit einer, häufig körperlichen, Zurechtweisung rechnen. Und freilich war ich auch ein Kind wie andere Kinder, baute Steinschleudern – wenn auch nach einem anderen System –, mit denen ich leere Konservendosen vom Gartenzaun schoss. Worin ich mich allerdings von meinen Schulkameraden unterschied: Ich zielte niemals auf Vögel, Enten, Möwen oder dergleichen, denn alle Lebewesen waren mir heilig.

Wenn ich heute an diese Zeit zurückdenke, sehe ich noch immer den kleinen Jungen am Flussufer mit den Flusssteinen spielen. Dabei war die Sehnsucht nach Edelsteinen, die ich allerdings nur in den Auslagen der Läden bewundern konnte, längst erwacht; Bergkristall, Rosenquarz und Turmalin zogen mich magisch an. Da sie für mein mageres Taschengeld jedoch unerschwinglich waren, dachte ich trotzig: Was diese Steine können, können meine Steine am Fluss genauso.

Die Steine lehrten mich vieles; sie waren meine ersten Lehrmeister. Bald begriff ich, dass auch am Fluss nicht ein Stein wie der andere war, denn warf ich einige ins Feuer, so konnte ich feststellen, dass die einen platzten, die anderen aber nicht. Und jene, die dem Feuer standhielten, waren die ganz besonderen Steine. Sie besaßen Kräfte, die ich unbedingt erforschen wollte. Also legte ich einen Kreis mit ihnen und stellte eine Pflanze hinein. Bald konnte ich beobachten, dass sie schneller und kräftiger wuchs als die Pflanzen außerhalb des Kreises. Eine andere Erfahrung, die ich mit den Steinkreisen machte, war, dass Mäuse, Vögel und anderes Getier ihnen fernblieben. Es war faszinierend, am nächsten Tag rings um den Steinkreis allerlei Tierspuren auszumachen, nur nicht im Kreis selbst. Öffnete ich den Kreis aber danach, so waren am nächsten Tag überall, auch im tags zuvor noch geschlossenen Kreis, Spuren zu finden.

Was gab den Steinen diese Kraft? Die Frage ließ mir keine Ruhe. Waren die Steine von der Sonnenenergie so stark aufgeladen, mussten sie doch eine gewisse Heilkraft haben! Um das festzustellen, fügte ich mir selbst eine Verletzung zu und legte mir den Stein, den ich intuitiv ausgesucht hatte, auf die betreffende Stelle. Der Schmerz war in Sekundenschnelle weg. Die Elemente Wasser, Luft, Erde und Sonne besitzen im Zusammenspiel eine unglaubliche Heilkraft.

Als ich fünfzehn, sechzehn Jahre alt war, konnte ich mir dann die ersten Edelsteine kaufen: Rosenquarz, Türkis, Karneol, Bergkristall, Jaspis und einen Turmalin. In dieser Zeit machte ich eine weitere Erfahrung, und zwar mit meinem Bergkristall: Schickte ich mit meiner Konzentration einen Gedanken in meinen Stein, so konnte ich diesen Gedanken Wochen später wieder aus diesem Stein herausholen. Das war eine so phänomenale Erfahrung, dass ich den Versuch immer wieder, wenn ich ein Thema hatte, das ich festhalten wollte, aufs Neue durchführte. Ich erzählte dem Stein meine Geschichte, und der behielt sie, bis ich sie, wann immer ich wollte, wieder befreite und abrief.

Auch später, als ich beim Militär war, ließen die Steine mich nicht los. Stets trug ich welche bei mir. Wenn einer meiner Kameraden über Schmerzen klagte, legte ich ihm Steine auf. Ein Tigerauge beispielsweise, der als ein ganz starker Heilstein gilt, oder einen Bergkristall, einen Rosenquarz, welcher auch immer für die jeweilige Situation passte.

Steine sind bis heute meine Begleiter geblieben, und sie unterstützten mich auch in meiner schamanischen Praxis. So schützt der schwarze Turmalin mich, wenn ich ihn zwischen mich und meinen Klienten lege, bei ganz bestimmten energetischen Arbeiten.

Anders als die anderen

Als Kind merkte ich sehr früh, dass ich ein wenig anders als die anderen Kinder war – ein Umstand, der mir zuweilen Ärger einbrachte. Zum Beispiel, wenn ich darauf beharrte, die Aura fremder Leute zu sehen. Freilich wusste ich damals noch nicht, dass die roten, gelben und grünen Farben um die Köpfe und Körper der Menschen deren Auren waren. Ich sah nur die Farben und bemerkte, dass jeder Körper eine andere Farbnuance aufwies. Wenn ich dann aber zu sehr auf meiner Entdeckung bestand, gab es Ohrfeigen von meiner Mutter, die mich zurechtwies, ich solle doch nicht so ein Zeug daherreden. Aber ich konnte mir einfach nicht vorstellen, dass nicht jeder Mensch, meine Mutter eingeschlossen, dieselbe Wahrnehmung hatte wie ich.

Von meinen Mitschülern wurde ich weitgehend ausgegrenzt. Das war nicht weiter tragisch, weil ich ohnehin wenig Freude an deren Spielen fand. Dass sie mich dennoch schätzten und manchmal sogar bewunderten, lag daran, dass ich selbstbewusst genug war, mein Anderssein nicht zu verstecken. Es gab Situationen, in denen ich geradezu kometenhaft in der Achtung meiner Altersgenossen stieg: immer dann, wenn einer von ihnen sich beim Schulsport oder bei einer wilden Keilerei verletzt hatte und ich intuitiv meine Hände auf die besagte Stelle legte und damit die Schmerzen zum Abklingen brachte.

Dagegen hatten meine Eltern eigentlich gar nicht mitbekommen, was mit mir los war. Vielleicht hatten sie auch einfach keine Zeit dafür. Meine Mutter war von der Waldarbeit meist so ausgelaugt, dass sie sich anschließend nicht mehr mit mir beschäftigten konnte, und wenn der Vater spät nach Hause kam, schlief ich zumeist schon. Ich befürchte allerdings, dass es sie einfach nicht interessierte, wie meine Seele mit dieser Missachtung zurechtkam. Es interessierte sie nicht, wie meine Seele sich fühlte. Und wenn ich

19

darauf bestand, darüber zu reden, was selten genug geschah, dann hieß es nur: »Ach, du Spinner!«

Aber das Bedürfnis, davon zu erzählen, wie ich zum Beispiel im Stall mit den Pferden geredet hatte oder welche Entdeckungen ich am Fluss gemacht hatte – das war einfach da. Und all das für mich behalten zu müssen, war manchmal quälend.

In den Sommerferien begleitete ich öfters meine Mutter in den Wald. Dort konnte ich die Tiere beobachten, Spinnen, die ihre Netze spannten, geschäftige Ameisen, Würmer und Käfer. Der Wald war aber auch die Heimat von Feen, Gnomen, Zwergen und Elfen. Die wohnten unter Pilzen und huschten durchs Moos. Manchmal ritten die kleinen Kerle auch auf Käfern und versteckten sich unter dem Wurzelwerk der Bäume.

Stundenlang konnte ich dasitzen und war in meiner eigenen Welt, vergaß zu essen und zu trinken. Meine Mutter war im Wald, um zu arbeiten, ich aber genoss an diesen Tagen einfach, im Wald zu sein. Obwohl es derselbe Wald war, lebten meine Mutter und ich doch in zwei verschiedenen Welten.

Auch Autos haben eine Seele

In meinem letzten Schuljahr, als die Frage nach meinem künftigen Beruf im Raume stand, favorisierte ich den des Kfz-Mechanikers. Schuld daran war der Riether Karl, der auf seinem Bauernhof eine Kfz-Werkstatt und Ford-Vertretung eingerichtet hatte. Magisch hatte es mich dort hingezogen, denn, so paradox es scheinen mag, auch Autos und Motorräder standen plötzlich im Mittelpunkt meines Interesses. Es lag also nahe, mich um eine Lehrstelle in einem Kfz-Betrieb zu bewerben. In einem neu gebauten Autohaus in Ailingen hatte ich Glück. Kurioserweise lag das Autohaus direkt neben einer Reitschule: zwei Welten, so dicht beieinander.

Nach einem anstrengenden Arbeitstag in der Werkstatt, in der ich nach Feierabend auch noch Autos wusch, um etwas Geld dazuzuverdienen, ging ich schnurstracks hinüber zur Reitschule und setzte mich, ohne vorher etwas gegessen zu haben, in eine der Pferdeboxen. Dort saß ich dann eine halbe Stunde lang, ließ den Tag Revue passieren und sog die Energie der Pferde auf, die mir Kraft und Balance gab.

Danach mistete ich noch eine Stunde lang die Pferdeboxen aus. Drei Mark bekam ich dafür. Zusammen mit dem Geld fürs Autowaschen sammelte ich mir so ganz nebenbei einen kleinen Reichtum an.

»Wo kommst du her? Du stinkst nach Pferdemist!«, wurde ich daheim begrüßt.

»Und nach Maschinenöl«, antwortete ich lachend.

Das ging dreieinhalb Jahre lang so. Ich liebte die Autos, war mit der Technik verbunden, das Schrauben an den Motoren ging mir leicht von der Hand.

»Du hast goldene Finger«, lobte mein Chef. »Alles, was du anpackst, funktioniert sofort wieder!«

Manchmal schloss ich einfach die Augen und horchte in den Motor, mehr noch, ich dachte mich in den Motor hinein. Fuhr ein Auto zur Reparatur vor, hörte ich oft schon von Weitem, was dem Kerl fehlte. Damals hatte ich erkannt: Auch ein Auto ist ein Lebewesen, auch ein Auto hat eine Seele. Ich streichelte die Autos wie Tiere. Und auch bei meinem Moped, einem Kreidler Florett, das ich mir damals kaufte, bedankte ich mich nach jeder Fahrt und streichelte es liebevoll.

Heute, als mittlerweile Sechzigjähriger, bedanke ich mich noch immer bei meinem Auto dafür, dass es mich unbeschadet von einem zum anderen Ort gebracht hat, und streiche dabei sehr behutsam über das Armaturenbrett.

Meine Brüder gingen tanzen

Die Liebe zu einer Frau kam erst später. Nicht, dass ich keine Kontakte hatte, aber so richtig gefunkt hat es damals nie. Zu sehr beschäftigten mich noch immer das Leben in der Natur und die Funktionsweise von Motoren. Da ich sehr rührig war, war meine Zeit ohnehin knapp bemessen. Tanzen, in die Disco gehen, das war nun wirklich nicht mein Fall – ganz im Gegensatz zu meinen Brüdern, denen meine Abstinenz in dieser Hinsicht fremd war, aber zugutekam. Beide litten nämlich permanent unter akuter Geldnot und brauchten Samstag für Samstag meine finanzielle Zuwendung. Ohne die wären ihre Discobesuche gefährdet gewesen.

Auch wenn wir in verschiedenen Welten lebten und meine Brüder für mein Anderssein nur ein Schulterzucken übrig hatten, zauberte mein kleiner Geldregen ihnen doch jedes Mal ein Lächeln in ihre Gesichter.

Beim Militär

M eine Militärzeit dauerte vier Jahre. Warum ich mich freiwillig zum Militärdienst hatte einschreiben lassen, weiß ich nicht mehr; vermutlich lockte mich die Vorstellung, dort die Natur wieder intensiver erleben zu können, vielleicht aber wollte ich mein Leben auch nur durch neue Erfahrungen bereichern. Zudem konnte ich meinen Körper neu erfahren. Ich betrachtete meine Spezialausbildung eher als mein persönliches Training und zog dabei weniger den Einsatz im Ernstfall in Betracht.

Auch wenn mein Gefühl zur Natur aus Mangel an Zeit ein wenig verloren gegangen war, bei einem sechswöchigen Überlebenstraining kamen mir meine Naturkenntnisse wieder zugute. Während meine Kameraden mit dem Übernachten im Freien ihre Probleme hatten, weil jedes noch so harmlose Geräusch sie erschreckte, war ich in meinem Element. Nahrung in der Natur zu finden, war mir genauso vertraut wie die Schreie der Nachtvögel und das Rascheln im Unterholz, das Niederwild, aber auch Mäuse, Ratten und andere Nager verursachten.

Mein Herz aber blutete, wenn ich mit ansehen musste, wie rücksichtslos die Kameraden mit ihren Panzern durch Moorgebiete fuhren und dabei alles niederwalzten, was ihnen die Quere kam. Fuchs- und Dachsbauten, Wildpflanzen, alles, was lebte, wuchs und gedieh, wurde kurzerhand plattgemacht. »Wenn der Russe kommt, muss man Flurschäden in Kauf nehmen«, war immer die Antwort auf meine Frage »Muss das denn sein?«. Manche Nacht lag ich dann wach und trauerte um das Stück Natur, das man tagsüber zerstört hatte.

Als meine Militärzeit, die ich in Aachen, Ingolstadt, Weingarten und Stetten verbracht hatte, zu Ende ging, war ich 23 Jahre alt. Und ich fragte mich erneut, wohin mein Weg gehen würde.

Noch einmal an der Rotach

Entscheidungen trifft man am besten dort, wo einem das Höhere Selbst schon einmal den richtigen Weg gezeigt hat. Welcher Platz wäre da geeigneter als der meiner Kindheit, jenes Waldstück am Ufer der Rotach.

Lange war ich nicht mehr dort gewesen. Die Vorfreude, wie einst als Kind durch diesen Wald zu streifen, machte mich kribbelig. Und wie groß war die Enttäuschung, der Schmerz, als ich sehen musste, dass das gesamte Waldstück gerodet worden war! Die Tränen liefen mir über die Wangen, wortloses Entsetzen packte mich, Wut, aber vor allem eine tiefe Trauer bei der Erinnerung an all die wunderbaren alten Bäume, die allein aus wirtschaftlichem Interesse gefällt worden waren. Ich heulte gewiss eine Stunde lang wie ein Kind.

Dann verbrannte ich weißen Salbei und entschuldigte mich bei der Natur für diesen Raubbau.

Zwei Jahrzehnte später war ich wieder dort. Ich fand einen Wald vor, der nicht mehr der meinige war. Man hatte das Gebiet wieder aufgeforstet und schnell wachsende Douglasien gesetzt.

Damals aber, als ich vor dem Waldstück stand, das allein meine Erinnerung noch barg, entschloss ich mich dazu, mein Leben in neue Bahnen zu lenken.

Dagmar

Selbstständigkeit hieß für mich das Zauberwort. Und später auch: Dagmar[1]. Aber der Reihe nach. 1974 pachtete ich eine Tankstelle mit einer Werkstatt, in der ich Reparaturen durchführen konnte. Der erste Schritt war getan. Und das Geschäft florierte, schneller, als ich es mir erträumt hatte. Ich arbeitete praktisch Tag und Nacht. Dass ich daneben auch noch Zeit fand, eine Frau kennenzulernen, hatte ich meinem Motorrad zu verdanken. Für das nämlich interessierte sich Dagmar, ein Mädchen aus dem Dorf, in dem auch ich wohnte. Ob sie nun fortan mich oder das Motorrad in regelmäßigen Abständen besuchte, soll ihr Geheimnis bleiben. Bekommen hat sie, wenn auch nur vorübergehend, uns beide.

Zum ersten Mal in meinem Leben war ich so richtig verliebt. Und das mit nunmehr 26 Jahren. Da ich weder in die Disco noch sonst wo auf Brautschau ging, musste die Entsprechende schon zu mir, an meine Tankstelle kommen. So wie Dagmar. Es dauerte nicht lang, da waren wir ein Paar, und als solches oft stundenlang mit dem Motorrad unterwegs. Bald schon wurde geheiratet, und im selben Jahr noch, es war das Jahr 1978, kam Lena, unsere Tochter zur Welt.

Unser Eheglück erlebte keinen zweiten Sommer. Mir blieb das Motorrad. Und ein Neubeginn.

---

[1] Name geändert

Schnöder Mammon

Ich ging nach Konstanz. Ich wollte Geld verdienen, viel Geld. Das war mit der kleinen Werkstatt, die ich anfangs dort betrieb, allerdings nicht zu schaffen. Es musste schon ein Autohaus sein. Dass eine Frau dabei mit im Spiel war, versteht sich von selbst. Ihr Name war Sieglinde[2], und sie arbeitete im Büro eines Finanzmaklers. Ich verkaufte ihrem Chef ein Auto, und dabei kamen wir uns irgendwie näher. Ich lud sie zum Kaffee, dann zum Essen ein. Wir verstanden uns. Bald zogen wir zusammen, heirateten und bauten 1983 das erträumte eigene Autohaus.

Wohlstand, Macht, Reichtum! Statussymbole traten mehr und mehr in den Fokus meiner Begierden. Wir hatten mehrere Mitarbeiter und verkauften Autos am laufenden Band. Die Jagd nach dem schnöden Mammon hatte alles andere verdrängt.

Ich fuhr Autorennen. Die Technik hatte die Natur auf die Ersatzbank verbannt. Meine Heilsteine standen auf dem Abstellgleis, mein spirituelles Wissen war auf Eis gelegt. Ganz weg aber waren all diese Dinge nicht. Sie warteten geduldig auf ihre Chance. Die bot sich ihnen, als ich 1986 meinen ersten Herzinfarkt erlitt.

---

2   Name geändert

Auszeit

Reinhard, wenn du noch eine Weile leben willst, nimm dir eine Auszeit.« Der Rat des Arztes, mit dem ich befreundet war, klingt mir noch heute im Ohr.

»Und nicht nur so übers Wochenende, vier bis sechs Wochen sollten es schon sein. Du musst hier raus und dir absolute Ruhe gönnen!«

Ich dachte in diesem Augenblick nicht darüber nach, ob das Autohaus und meine Frau mich für eine Weile entbehren konnten oder ob ich ohne den zur Gewohnheit gewordenen Stress, das in Fleisch und Blut übergegangene tägliche Arbeitspensum, überhaupt noch zurechtkam; ich folgte widerstandslos dem ärztlichen Rat meines Freundes.

Die Auszeit, die ich auf vier Wochen begrenzte, wollte ich mir in den USA nehmen, und ich buchte noch am selben Tag einen Flug.

Da stand ich dann in Zürich und wartete auf meinen Flieger. Die Maschine, die mich in die USA bringen sollte, hatte jedoch einen Motorschaden, und ich musste die nächsten vier bis fünf Stunden auf dem Flughafen verbringen. Mittlerweile war eine Maschine aus den USA gelandet und mit ihr ein junger Mann mit langem schwarzem Haar, der offensichtlich ein Gepäckstück vermisste. Ich sprach ihn mit meinen wenigen Brocken Englisch an. Auch er sprach kaum Deutsch, aber wir hatten sofort eine Verbindung. Sein Name war Cheys. Er fragte mich, wohin ich fliege, und ich antwortete »USA«. Als er sein Gepäck endlich gefunden hatte, gab er mir einen kleinen Zettel mit seiner Adresse. In vierzehn Tagen sei er wieder in den USA, und ich sollte ihn doch dort besuchen. Dann trennten sich unsere Wege. Meine Maschine war endlich startklar, und ich flog nach New York. Dort nahm ich mir einen Mietwagen und fuhr nach Nashville, wo ich die nächsten vierzehn Tage verbrachte.

In Montana

Immer wieder dachte ich während meines Aufenthalts in Nashville an Cheys, den Mann mit dem langen schwarzen Haar, dem ich in Zürich begegnet war und der mir seine Adresse gegeben hatte.[3]

Wenn ich schon in den Staaten war, warum sollte ich den Mann nicht besuchen, dachte ich.

Kurzerhand buchte ich einen Inlandflug nach Billings, der knapp 100 $ kostete. Am dortigen Flughafen ging ich zum Taxistand, zeigte dem Taxifahrer den Zettel mit Cheys Adresse und bat ihn, mich dort hinzubringen.

»Da fahr ich nicht hin, da komm ich nie mehr zurück. Nehmen Sie sich einen Mietwagen.« Die deutliche Absage des Taxifahrers konnte selbst ich mit meinem mageren Englisch verstehen.

Es war zehn Uhr morgens, als ich losfuhr. Eine Karte lag auf dem Beifahrersitz. Stundenlang fuhr ich diese kerzengeraden Straßen, die scheinbar nie enden wollen, entlang. Wie groß dieses Land ist, wird einem nie deutlicher bewusst als bei solchen Reisen mit dem Auto. Nach vielen Stunden erreichte ich das Reservat der Crow-Indianer in Pryor. Wohnte Cheys in einem Indianerreservat? Es waren etwa fünfzehn Holzbaracken, die wie Wohnwagen aussahen, und in der Mitte brannte ein Feuer. Ein von der Sonne gezeichneter alter Mann, vermutlich ein Stammesmitglied der Crow-Indianer, saß davor und schürte es. Ich ging zu ihm hin und zeigte ihm meinen Zettel mit der Adresse darauf. Ich fragte ihn, wo Cheys wohnte.

»Cheys wohnt nicht hier, er wohnt draußen im Reservat, in der Prärie«, antwortete der Indianer, und er erklärte mir, wie ich dort hinkam. So fuhr ich die folgenden viereinhalb Stunden immer geradeaus bis zu einem Rindergatter, von dem der Indianer gesprochen hatte. Es sollte mir als Weg-

---

3   Namen der Personen und Orte geändert

zeichen dienen. Solche Gatter hindern die Rinder daran, über die Straße hinweg die Weide zu wechseln.

»Du fährst etwa anderthalb Stunden an diesem Zaun entlang, dann kommst du zu einem Tipidorf, und in diesem wohnt Cheys.«

Die Abenddämmerung lag über der Prärie, als ich mein Ziel erreichte. Zwölf Tipis standen da im Halbkreis, und etwas abseits, vierzig, fünfzig Meter gen Osten, stand noch ein weiteres Tipi, in dem, wie ich später erfuhr, der Medizinmann des Stammes wohnte.

Bald hörte ich Hunde kläffen. Als ich aus dem Wagen stieg, stürzten sie sich auf mich als wollten sie mich fressen. Plötzlich war ich auch von einer Schar Kinder umringt, die an mir zerrten und meinen Mietwagen zur Hüpfburg umfunktionierten. Ich fühlte mich unbehaglich. Endlich bahnte ein älterer Mann sich einen Weg zu mir, und ich konnte ihm meinen Zettel reichen.

»Cheys ist der Sohn des Häuptlings«, sagte der Indianer und gab mir ein Zeichen, ihm zu folgen. Er führte mich zum Zelt des Häuptlings. Der saß mit seinen Stammesbrüdern, die ich alle noch kennenlernen sollte, vor seinem Tipi am Feuer und hieß mich willkommen. Er gab mir zu verstehen, dass Cheys, sein Sohn, noch auf der Jagd und seine Rückkehr nicht vor Sonnenaufgang zu erwarten sei. Er brachte mich zum Medizinmann, in dessen Tipi ich die Nacht verbringen sollte.

Der Medizinmann zeigte mir meinen Schlafplatz, gab mir ein Stück gedörrtes Büffelfleisch zu essen und etwas Flusswasser zu trinken, aber er sprach dabei kein Wort. Es war längst nach Mitternacht, die Feuer waren erloschen, und es war so finster, dass ich mich keinen Schritt zu gehen getraute. Ich legte mich also hin und schlief sofort ein, erschöpft vom Tage.

Es war im ersten, noch fahlen Morgenlicht, ich tastete in meinem Gepäck nach einem zweiten T-Shirt, weil mir hundekalt geworden war, als mit einem Mal der Medizinmann vor mir stand und mir eine Felljacke reichte. Er gab mir auch Mokassins, die über die Waden reichten und einen so, wie ich später erfuhr, vor Schlangen schützten. Wortlos bat er mich, ihm zu folgen. Er führte mich aus dem Tipidorf hinaus auf einen Berg. Als wir nach knapp einer Stunde oben ankamen, ging die Sonne auf.

Der Medizinmann hatte zwei Teppiche dabei. Einen gab er mir, und wir setzten uns auf die Teppiche, beteten gen Osten und begrüßten die Sonne. Tränen liefen über meine Wangen. Ein derart erhabenes Gefühl, mit der ganzen Schöpfung im Einklang zu sein, hatte ich zuletzt als Kind erfahren. Nun überkam es mich wieder. Dankbar rollte ich, als unser Ritual beendet war, den Teppich zusammen, der bis heute mein Begleiter ist, und trat mit dem Medizinmann der Crow-Indianer den Rückweg an.

Als wir ins Dorf kamen, empfing mich Cheys mit einem großen Hallo. Wir freuten uns beide über das Wiedersehen. Das Frühstück stand schon bereit: eine eigenartige Milch, undefinierbares Gemüse und selbstgebackenes Fladenbrot. Anschließend führte mich Cheys herum, machte mich mit allen bekannt und zeigte mir das Stück Land, das den Crow-Indianern zur Verfügung gestellt worden war, damit sie dort so leben konnten, wie ihre Vorfahren es getan hatten, und ihre Tradition auch heute noch erhalten blieb. Wir saßen an einem Hang, vor uns die Weite der Prärie und hinter uns ein undurchdringlich anmutender Wald. Cheys sagte mir, dass in der nächsten Woche eine Ausbildung zum Schamanen beginne, und fragte mich, ob ich Lust hätte, daran teilzunehmen. Er hatte bereits mit seinem Vater darüber gesprochen und dessen Einwilligung vorab eingeholt. Ohne darüber nachzudenken, sagte ich zu. So blieb ich einige Monate lang bei den Crow-Indianern. Vielleicht waren es die wichtigsten in meinem Leben.

Fred, mein Schamane

Der Schamane, der Medizinmann der Crow-Indianer, in dessen Tipi ich die erste Nacht im Reservat verbracht hatte, hieß schlicht und einfach Fred. Auch sein Outfit entsprach ganz und gar nicht den Vorstellungen, die man gemeinhin von einem indianischen Schamanen hat. Ihn zierte weder Federschmuck, noch steckte er in einem gerbledernen, ornamentverzierten Anzug. Seine Kleidung war so stinknormal, wie sie es nur sein konnte: Er trug Jeans, Sandalen und ein verwaschenes Hemd, das er gewiss Jahre zuvor in einem x-beliebigen Store erstanden hatte.

Er, der bislang kaum ein Wort mit mir gewechselt hatte, veränderte also mein Leben von Grund auf. Was genau mit mir in diesen Wochen passierte, lässt sich vielleicht am besten mit folgendem Bild beschreiben: Ich lief durch den Nebel, erkannte etwas, konnte es nicht beschreiben, wusste aber, dass es immer schon da gewesen war.

Die ersten vierzehn Tage mit Fred galten der Reinigung. Die Ernährung wurde vollkommen umgestellt, wodurch sich auch die Ausdünstungen des Körpers veränderten. Mit einem Male bellten auch die Hunde nicht mehr, wenn ich in ihre Nähe kam. Und das auf wenige Wörter beschränkte Sprechen veränderte mein Bewusstsein in einer Weise, wie ich es bislang nicht gekannt hatte. Fred hatte wochenlang überhaupt nicht mit mir gesprochen. Die Kommunikation lief allein über Blicke, Bewegung, Intuition, durch das Aussenden einer gewissen Energie. Was mich anfänglich noch nervös, unsicher und fast verrückt machte, verkehrte sich nach acht Tagen bereits ins Gegenteil. Ich wurde ruhig und gelassen – und ich verstand. Es genügte ein Wimpernschlag, eine einzige Bewegung von Fred, er musste nur einen Stock in die Hand nehmen oder die Plane am Tipi zurückschlagen, und schon wusste ich, was er mir sagen wollte. Diese intuitive Kommunikation, bei der ich reagierte, ohne dass etwas gesagt worden war, aufgrund einer Resonanz auf eine Schwingung, die Fred durch seine Blicke aussandte; ich öffnete meine bislang verschlossenen Sinne.

Ich bin draußen in der Natur. Ich schließe die Augen. Ich höre einen, vielleicht zwei Vögel, die ihr Lied pfeifen. Minuten später schon höre ich einen dritten und einen vierten, dann einen fünften Vogel, und bald nehme ich jeden Vogel in meinem Umfeld wahr.

Auch das ist Schamanismus: Geschichten, die man nicht mit Worten erzählt, die über Gedanken und Klänge, und sei es durch das Rascheln einer Maus im Laub, zu einem gelangen.

Schwitzhütten

Auch die Schwitzhütte dient der Reinigung. Sie klärt die Gedanken und hilft bei der Aufarbeitung von Problemen. Als mich Fred mit dem Ritual der Schwitzhütte vertraut machte, war ich bereits drei Wochen im Indianerdorf.

Das Ritual begann mit der Errichtung der Feuerstelle. Dann wurde die Hütte aufgebaut und so ausgerichtet, dass sich ihre Tür nach Osten hin öffnen ließ. Anschließend galt es, die richtigen Steine auszuwählen, denn sie dürfen im Feuer zwar rot glühen, aber nicht platzen, wenn die Hitze ihren Höhepunkt erreicht.

In der Hütte gab Fred mir Kräuter, deren Dampf mich in eine Sphäre trug, in der Bilder hervorkamen, die tief in meinem Unterbewusstsein geschlummert hatten. In einer Schwitzhütte werden alle schlafenden Energien wachgerufen und dann gefördert.

Bei meinem zweiten Schwitzhüttenritual wollte ich die Probleme mit meinem Vater, die ich noch nicht aufgearbeitet hatte, klären. Mein Vater war kurz zuvor gestorben, und ich hatte das Gefühl, dass es noch einige Dinge gab, die zwischen uns geklärt werden mussten. In der Schwitzhütte war mein Vater so präsent, als säße er mir leibhaftig gegenüber. Wir konnten miteinander sprechen. Was ich ihn auch fragte, er beantwortete es mir. Es war ein so unglaubliches Erlebnis, dass es sich fast nicht beschreiben lässt.

Fred hat mich gelehrt, mit den Geistern und Seelen zu kommunizieren, Seelengespräche zu führen. Diese Gespräche finden, wohlgemerkt, alle mental statt. In zahlreichen folgenden Schwitzhüttensitzungen lernte ich verschiedene Meditationen, mit denen es möglich ist, in die *Untere Welt* zu reisen, um dort verlorene Seelenanteile zurückzuholen, oder in die *Mittlere Welt*, um Seelen, die nicht ins Licht gegangen waren, zu erlösen.

Meine mentale Reise in die *Untere Welt* führte mich zunächst über einen Baumstamm und über dessen Wurzelwerk hinunter bis zu einem Fluss, den ich dann entlangfuhr, bis er mich zu einem Tunnel brachte, der diese Welt mit der *Unteren Welt* verband. Am Eingang befand sich der *Hüter der Schwelle*. Nur mit Zustimmung des *Hüters der Schwelle* ist es möglich, in die *Untere Welt* einzutauchen, um nach verlorenen Seelenanteilen zu schauen. Man gibt ihm etwas für die verlorenen Seelenanteile, die man mitnehmen will, meistens Tränen oder eine tiefe Traurigkeit oder Verständnis oder Mitleid. Erklärt sich der Seelenanteil bereit, mit einem zurückzureisen, dann nimmt man ihn auf seine Schulter und reist mit ihm den Weg zurück. Man übergibt den Seelenanteil anschließend der Person, die ihn verloren hatte, und setzt ihn in deren Herzchakra.

War ich mit Fred in der Prärie unterwegs, lehrte er mich, mit der Natur zu sprechen und zu hören, was sie mir sagte. Wie die Bäume sprachen, die Elfen, die Zwerge und die Gnome. Und immer liefen diese Lehrgespräche ohne Worte. Dabei war es wichtig, die Augen zu schließen, um hören zu können: Was sagt der Wind? Was flüstert das Präriegras mir zu? Was spricht der Fluss? Ich fand sehr viele Parallelen zu meiner Kindheit.

Wenn ich draußen in der Natur sitze und meditiere und den Wind in den Bäumen rauschen höre und das Knacken der Äste, dann ist das nicht einfach ein Rauschen und Knacken, sondern ich höre die Seelen der Bäume sprechen. Sie erzählen mir Geschichten. Wenn du in der Lage bist, diese Geschichten zu hören, wirst du unglaublich sensitiv, und es verändert dein Leben.

Im Steinkreis

Vor Sonnenaufgang führte mich Fred eines Tages, wie an jedem Morgen, auf den Berg, damit wir die Sonne begrüßten. Am Abend zuvor hatten wir dort einen Steinkreis gelegt. In diesem sollte ich die folgenden drei Tage und Nächte verbringen, ohne Nahrung und ohne Wasser. Ich folgte seiner Aufforderung, setzte mich in den Kreis und schaute nach Osten, wo in diesem Moment die Sonne aufging. Bevor Fred mich verließ, gab er mir zu verstehen, dass ich, wenn mir irgendetwas Probleme bereitete, sei es Kälte, Hunger oder Schmerz, nur an ihn denken müsse, und das Problem wäre beseitigt.

Kaum saß ich eine Stunde dort, spürte ich, wie meine Beine einschliefen. Noch saß ich gerade im Schneidersitz, aber lange, befürchtete ich, würde ich das nicht aushalten. Als meine Beine mir dann geraume Zeit später wegknickten, dachte ich an das, was Fred mir mitgegeben hatte: Wenn du Schmerzen hast, Hunger oder Kälte dich plagen, denke einfach an mich. Ich befolgte seinen Rat und dachte an ihn. Es war wie eine Spritze, die einem spontan den Schmerz nahm. Nachts, wenn die Kälte eisig an mir hochkroch, weil die Temperatur auf den Nullpunkt gesunken war, dachte ich an Fred, und mir wurde umgehend warm, als ob er einen Mantel über mich geworfen hätte. Zur Mittagsstunde, wenn die Sonne am höchsten stand und die Hitze mir den Mund austrocknete, dachte ich an ihn, und sofort fühlte ich mich wieder frisch und wunschlos in meinem Steinkreis. So vergingen drei Tage und drei Nächte. Am Morgen des vierten Tages holte Fred mich aus meinem Steinkreis. Jetzt sah ich auch die Spuren der Tiere um den Steinkreis herum. Eine Beobachtung, die ich als Kind bereits gemacht hatte: Die Tiere kamen und gingen, aber der Steinkreis blieb von ihnen unberührt. Drei Tage und drei Nächte lagen hinter mir, und ich fühlte mich, als hätte mein Leben noch einmal begonnen.

Rainbowman

Am letzten Tag unserer Ausbildung saßen wir Schüler, sechs an der Zahl, mit unserem Lehrer Fred beisammen. Er hielt die Zeit für gekommen, uns einen schamanischen Namen zu geben. Fred suchte die Namen nicht, wie ich erwartet hätte, aufgrund unserer besonderen Fähigkeiten aus. Es war vielmehr eine Momentaufnahme der uns umgebenden Natur, ein Augenblick, der uns den Namen bescherte.

Einer bekam zum Beispiel den Namen *Silbernes Pferd,* weil einen Moment lang ein weißes Pferd hinter ihm vorbeigaloppierte. Ein anderer Schüler griff nach einem Stock, und in der gleichen Sekunde noch erhielt er den Namen *Die Hand, die nach der Schlange greift.* So hatte jeder seinen Namen erhalten. Als ich an der Reihe war, spannte sich hinter mir ein Regenbogen über die Prärie – ich saß wirklich genau darunter. So gab Fred mir den Namen *Rainbowman.* So, wie die Natur gesprochen hatte, so fiel der Name aus. Es war die Energie eines Augenblicks, Fred schien sie einzufangen und in Form von Namen an uns weiterzugeben.

Schamanischer Sonnengruß

Warum begrüßten wir jeden Morgen die Sonne, liefen in der Dunkelheit hoch auf den Berg, um noch vor ihr da zu sein?

Fred lehrte mich, dass die Farben des Sonnenaufgangs, die Schwingungen, die er hervorruft, in ganz besonderer Weise auf unser Energiefeld einwirken.

»Dein Augenlicht, also das, was du siehst, ist dabei nebensächlich. Aber der Wechsel von der Nacht zum Tag, das Licht und die Farbe des Sonnenaufgangs, die plötzliche Helligkeit schaffen Schwingungen, die alte Erinnerungen, auch aus früheren Inkarnationen, in deinem Unterbewusstsein wachrufen. Die wiederkehrende Sonne hilft dir dabei, die Blockaden, die tief in dir schlummern, zu lösen. So wirst du freier in deinem Denken, und du wirst daher tiefgründiger mit deiner Intuition umgehen. Der Wechsel der Farben, die rote Scheibe, die heller und heller wird und schließlich golden glänzt, stärkt die Kraft des achten Chakras. Gründe genug also für einen Schamanen, jeden Morgen auf einen Berg zu steigen, um mit der Sonne den neuen Tag zu begrüßen.«

Im alten Trott

Nach all den Erfahrungen, die ich in Montana gemacht hatte, erscheint es mir heute geradezu paradox, dass ich danach mein Leben nicht völlig umgekrempelt habe. Ganz schnell war ich wieder im alten Trott von Business, Wohlstand, Geld. Die Statussymbole waren drauf und dran, die Spiritualität, die ich erfahren hatte, und mein inneres Wissen wieder zu verdrängen. Ich wollte Autos verkaufen, so viele wie nur möglich; mein Streben nach Wachstum äußerte sich wieder ausschließlich im ökonomischen Bereich. Ich hatte nichts gelernt, und gerade das hätte mir eine Warnung sein müssen. So sehr die Geistige Welt auch bei mir anklopfte, ich war nicht zu Hause.

Ein einziges Mal, viele Monate waren mittlerweile vergangen, muss ich der Geistigen Welt aber doch die Tür geöffnet haben. Eine Familie, Mutter, Vater und Tochter, waren in unser Autohaus gekommen, um einen Van zu kaufen. »Unsere Tochter leidet an Muskelschwund und muss in spätestens einem Jahr, so die Ärzte, im Rollstuhl sitzen«, erklärte mir der Vater. »Deshalb suchen wir ein Auto, in das wir den Rollstuhl problemlos rein- und rausfahren können.«

Während der Vater die infrage kommenden Autos begutachtete, wandte ich mich an die Mutter. Ich sagte ihr, dass ich eine Zeit lang bei Schamanen gelebt habe, und bot ihr an, mir ihre Tochter einmal anzuschauen. Ich spürte, dass diesem Mädchen vielleicht anders zu helfen war. Die Mutter stimmte zögernd zu und erlaubte, dass ich ihrer Tochter meine Hände auflegte. Danach wählte ich einen Stein aus meinem Medizinbeutel für sie aus, betrachtete ihre Aura, und in dem Augenblick wusste ich, dass dieses Mädchen weder einen Rollstuhl noch Krücken brauchen würde.

»Sie brauchen dieses Auto nicht«, sagte ich dem Vater, der mich konsterniert anschaute.

Zehn Jahre lang hatte ich Kontakt zu dieser Familie, und in dieser Zeit hatte sich meine Einschätzung bestätigt. Kein Rollstuhl – keine Krücken – kein Van.

Leider war dieses Erlebnis kein Weckruf. Ich schlief weiter, Verkaufsgespräche waren mein Wiegenlied. Selbst dass meine Ehe immer brüchiger wurde, konnte mich nicht zur Umkehr bewegen. Mein Höheres Selbst aber war zum Glück wacher. Es schickte mir einen zweiten Herzinfarkt.

Kein Arzt, keine Tabletten, nie mehr zum Friseur

Meine Frau trennte sich endgültig von mir. Und ich trennte mich von meiner Firma. Ich verkaufte sie und zog mich aus dem Berufsleben zurück. Kapiert hatte ich dennoch nichts. Zwar hatte ich kein Autohaus mehr, aber als Betriebsberater und Betriebssanierer steuerte ich bald wieder auf Erfolgskurs – mit dem Ergebnis, dass ich einen dritten Herzinfarkt erlitt, der so heftig war, dass man mir drei Stents setzen musste.

Die Zeit hatte nicht haltgemacht. Meine Lebensuhr war auf den Dezember des Jahres 2004 gesprungen. Ich war in Garmisch gewesen, als mich dieser Schicksalsschlag getroffen hatte. Nun lag ich im Krankenhaus, war allein und vielleicht zum ersten Mal in meinem Leben wirklich einsam. Als wäre das nicht genug gewesen, bescherten mich die Ärzte noch mit einem besonderen Weihnachtsgeschenk: Sie teilten mir ihre Diagnose mit, ich habe Prostatakrebs, und empfahlen mir eine sofortige Operation.

An diesem Abend war für mich eine Welt zusammengebrochen. Mein Leben lief im Zeitraffer vor mir ab, ein Film, bei dem ich mich fragte: Was, um Gottes Willen, hast du bloß falsch gemacht? Ich wechselte das Programm und fragte mich, was richtig in meinem Leben gewesen war. Und plötzlich lief der Film *Meine Zeit in Montana* über meine innere Leinwand. Im selben Augenblick dachte ich an Fred, meinen Medizinmann. Ich dachte an ihn, weil ich mich an seine Worte erinnerte: »Wenn es etwas gibt, was dir Probleme bereitet, denke an mich, und es kommt in Ordnung.« Ich dachte also an Fred und begann zu meditieren. In der folgenden Nacht hörte ich immer wieder einen Satz, der sich bis zum Morgen in mein Gedächtnis eingebrannt hatte: »Packe deine Tasche und geh, und vertraue auf deine eigene Kraft.«

Am nächsten Tag verließ ich das Krankenhaus. Ich hatte mein Schicksal nach oben abgegeben und gesagt: »Du da oben, ob Gott oder Manitu, entscheide über meinen zukünftigen Weg. Wenn du mich holst, ist es für mich in Ordnung, wenn du meinst, dass ich mein Wissen jetzt weitergeben soll, ist das für mich auch in Ordnung.«

In diesem Moment nahm ich mir fest vor, nie mehr zum Arzt zu gehen, keine Tabletten mehr zu nehmen – und ich war seither auch nicht mehr beim Friseur.

Ulm

M ensch, mach doch, was du in dir hast, was du kannst, was du fühlst
und spürst, und gib gefälligst dein Wissen weiter!«

Es war Petra-Maria, die mir das sagte, nicht nur ein Mal. Ein Dutzend
Mal hat sie mir das gesagt und mich schließlich in das Leben geschubst, das
ich seither lebe. Sie hatte mich in meinem tiefen Fall ins Ungewisse aufge-
fangen, mich aus dem Loch meiner Zweifel gezogen und mich mit immer
neuen Impulsen vorangetrieben. Ihr, die heute meine Frau ist, habe ich es,
nach den drei Warnschüssen, zu verdanken, dass ich endlich meinen Weg
gefunden habe.

Ich war mittlerweile nach Ulm gezogen und noch immer als Berater für
Firmen, deren Existenz bedroht schien, unterwegs, und als solcher hatte ich
einen Auftrag in einem Ulmer Autohaus zu erledigen. Dort lernte ich Petra-
Maria kennen. Sie war Dekorateurin und gerade mit einer Herbstdekorati-
on, die das Autohaus bestellt hatte, beschäftigt. Wir kamen ins Gespräch,
gingen einen Kaffee trinken, ich lud sie zum Essen ein, wir verliebten uns
ineinander.

Als wir schon fest zusammen waren, schleppte sie mich nach Baden-
Baden zum Rainbow-Spirit-Festival. Und als wir in Wien vor einem Plakat,
das einen Regenbogen zeigte, feststellten, dass es für die Ausstellung einer
Künstlerin warb, die einst meine Nachbarin gewesen und eine Freundin von
Petra-Maria war, fühlte ich mich geradezu verfolgt – der Regenbogen wurde
aufdringlich. Er ließ mich nicht mehr los, es schien, als suchte er mich geradezu. Und das mit Recht, schließlich war ich ja der Rainbowman.

In Ulm entdeckte ich den Buchladen Eichhorn, der ein ausgesuchtes Sortiment spiritueller Literatur führt. Dort kaufte ich Bücher, von deren Existenz

ich bis dahin keine Ahnung gehabt hatte. Bücher von meist westlichen Energiearbeitern und Heilern. Ich hatte Zeit und las entsprechend viel. Ich wollte lernen. Neben der Literatur bot der Buchladen auch eine Reihe von Vorträgen an. Einer stach mir sofort ins Auge: ein Vortrag von Horst Krohne über Geistheilung. Ich reservierte einen Platz. Der Andrang war so groß, dass die Veranstalter den Vortrag von ihrem eigenen Meditations- und Vortragsraum in das zwei Häuser weiter gelegene Theater in der Westentasche verlegen mussten, um allen Interessierten Platz zu geben. Gespannt folgte ich Horst Krohnes Bericht über seine Arbeit.

Horst Krohne hatte mich beeindruckt, ich wollte lernen. Doch nicht mehr nur aus Büchern.

Lernen und Lehren

Die Seminare bei Horst Krohne haben mich weitergebracht. Und das, obwohl ich mir von ihnen ganz anderes erhofft hatte. Vieles stand im Widerspruch zu dem, was ich im Schamanismus gelernt hatte. Im Nachhinein aber muss ich sagen, ich konnte mir einige Rosinen herauspicken, die für meine weitere Arbeit genau das Richtige waren. Außerdem lernte ich seinen Dozenten Sascha Pölzl kennen, zu dem ich bis heute Kontakt habe. Sascha hatte längere Zeit bei Mönchen in Tibet gelebt und dort eine spirituelle Entwicklung erfahren, die mich beeindruckte.

Ich habe in den darauffolgenden Jahren immer wieder den Kontakt zu verschiedenen Heilern und Schamanen gesucht. Ich reiste durch Deutschland, in die Schweiz, nach Österreich, Holland und in die USA. Ich lernte von der Heilerin Nina Dul einiges über ihre Auratherapie, bei der Menschen über ihr Schwingungsfeld geheilt werden. Bei Pjotr Elkunoviz lernte ich die Geistige Aufrichtung. Pjotr hat mich mit seinem unglaublichen Wissen und seinen phänomenalen Fähigkeiten begeistert, und er hat meine Arbeit ein Stück weitergebracht. Ich könnte noch etliche Beispiele nennen. Für jeden Schritt, den meine Lehrer mit mir gegangen sind, bin ich dankbar. Sie haben dazu beigetragen, dass ich die Technik des Seelenschamanismus, in dieser intensiven Form, heute so betreiben kann. Auf Grundlage all der Erfahrungen habe ich eine Seminarreihe kreiert, die freilich überwiegend an den Schamanismus angelehnt ist, den ich in Montana, bei Fred, kennenlernen durfte. Er hat den wesentlichsten Anteil daran, dass ich 2010 meine eigene Schule, die Akademie für Seelenschamanismus, gründen konnte.

Dort gebe ich mein Wissen jetzt an meine Schüler weiter, sodass ich mit Stolz behaupten kann, dass sie am Ende ihrer Ausbildung dieselbe Technik beherrschen wie ich. Sie müssen nur immer weiter lernen, Erfahrungen sammeln und reifen, denn Stillstand ist ein Wort, das es im Schamanismus nicht gibt.

Auch ich bilde mich immer weiter. Die nächste Reise wird mich auf die Philippinen führen, wo ich von Heilern und Philosophen lernen möchte. Außerdem wird mein Weg mich auch wieder an meine schamanischen Wurzeln zurückführen, nach Montana.

»Was ist mein Weg?«

Seelenkommunikation mit meinem spirituellen Geistführer

Eines Abends, kurz bevor ich schlafen ging, meditierte ich und stellte meinem spirituellen, seelischen Geistführer eine Seelenfrage, die ich mit Bildern und Zeichen beantwortet haben wollte.

Ich fragte konkret: »Was ist mein Weg – wohin soll er mich führen?«

Es kam die Nacht, ich schlief ein. Im Traum erschienen mir folgende Bilder:

Ich stieg in einem Hotel ab, das ich von meiner beruflichen Laufbahn her kannte. In diesem Hotel – es ist ein unglaublich vornehmes Hotel, in dem nur Führungskräfte der Automobilbranche übernachten – betrat ich die Eingangshalle. Ich begegnete einem kompletten Chaos. Ich versuchte, mein Zimmer zu finden, der Aufzug ging nicht, dann wollte ich ins Zimmer, davor arbeitete eine Handwerkertruppe, und ich musste über Baumaterial steigen, um in mein Zimmer zu gelangen. Endlich war ich in meinem Zimmer. Ich packte meinen Anzug aus, fand aber keine passenden Socken. Die Socken in meinem Koffer waren entweder gelb mit roten oder grün mit gelben Punkten. Die konnte ich doch unmöglich tragen! Ich fand keine Krawatte, es war nur ein Binder mit gelben und roten Punkten da, ein zweiter mit grünen und gelben Punkten. Dann suchte ich mein Hemd, fand kein passendes, es war ein totales Chaos. Ich begann, unruhig zu werden, fing an zu schwitzen und fühlte mich sehr unwohl. Daraufhin stellte ich meinem Geistführer in meinem Traum die Frage: »Ist das wirklich mein Weg?«

Da sagte er: »Nun, sieh dich um.«

In dem Moment tauchte ein ganz anderes Bild auf. Ich sah mich selbst in weißen Jeans, mit weißem Baumwollhemd, mit langem Haar und mit meiner schönen Halskette.

In dieser Kleidung, mit dieser Haartracht, wurde ich innerlich absolut ruhig. Es war eine so unglaubliche innere Ruhe, die mich da durchströmte, wie ich sie nie zuvor erfahren hatte. Plötzlich sah ich mich in einen Saal treten, in dem eine große Menschenmenge darauf wartete, dass ich ihr von meiner Arbeit erzählte. Ich begann also zu reden. Wie leicht jedes Wort seine Hörer fand! Während des ganzen Vortrags strahlte ich diese zuvor erfahrene innere Ruhe aus. Und ich erkannte: Das ist ein klares Zeichen für mich aus der Geistigen Welt, das mir zeigen soll: Dies ist mein Weg!

Am folgenden Morgen erwachte ich ganz erholt aus meinen Traum und hatte noch alle Bilder ganz deutlich und klar vor Augen. Ich deutete sie als Seelenkommunikation mit meinem spirituellen Geistführer, der mir diese Bilder gesandt hatte, um mich auf meinem Weg zu bestätigen.

Seelenschamanische Energiearbeit

Mögen die warmen Winde des Himmels
sanft über dein Haus wehen.
Möge der Große Geist alle segnen, die dort eintreten.
Mögen deine Mokassins viele glückliche Spuren im Schnee hinterlassen,
und möge der Regenbogen stets deine Schulter berühren.

Indianischer Segenswunsch

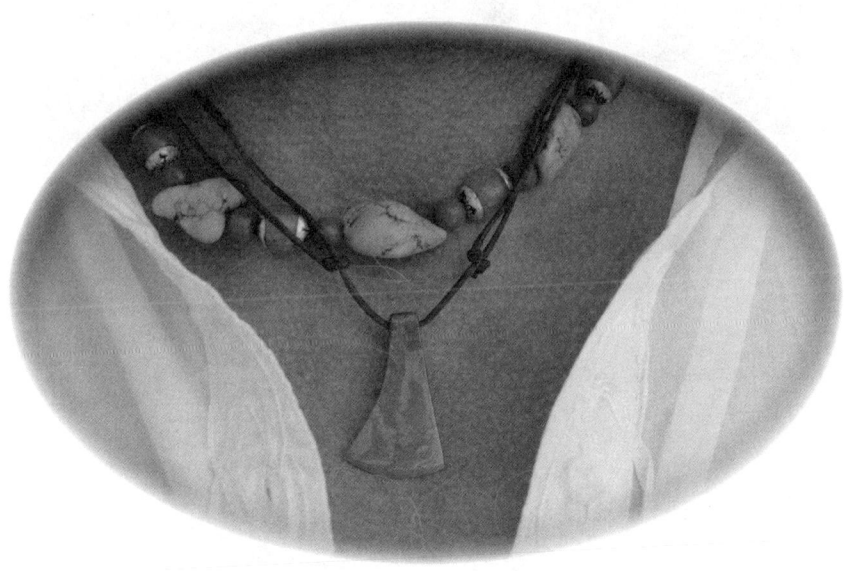

Seelenschamanismus – Was ist das?

Wenn wir das Wort Schamanismus hören, denken wir meist an schamanische Rituale wie Räuchern und Trommeln, Rituale, die den Schamanen dazu dienen, ihrer Energie, ihrer Kraft, ihrem Wissen und ihren Gedanken Ausdruck zu verleihen.

Fred, mein schamanischer Lehrer, bei dem ich einige Monate in Montana lernen durfte, hat mich gelehrt, dass nicht der Ausdruck des Menschen wichtig ist, sondern der Ausdruck seiner Seele. Und da die Seele nicht kommunizieren kann, benutzt sie den Körper, um zu zeigen, was sie bedrückt. Der Seelenschamanismus bedient sich also der Sprache des Körpers. Dieser zeigt durch seine Leiden, seine Gebrechlichkeit und seine Unpässlichkeiten, was uns die Seele sagen will.

Wir kommunizieren also über den Körper mit der Seele.

Was bedrückt dich, Seele? Warum zeigst du mir eine kaputte Schulter, eine beeinträchtigte Lunge, ein Leiden an der Leber? Was willst du mir damit sagen?

Ich gebe ein paar Beispiele: Du hast Probleme mit deiner Lunge. Lunge ist atmen, atmen bedeutet Freiheit. Deine Seele sagt dir: Du lebst nicht in Freiheit. Also verschaffe dir Luft, Luft zum Atmen, schaffe dir Raum für dich selbst, atme, sei frei, gib dir die Kraft, atme deine Freiheit!

Schmerzt deine Schulter, höre auf, dauernd etwas für andere zu tun, was du nicht tun willst, und tue etwas für dich. Schmerzen deine Knie, hör auf, dauernd für andere zu laufen, laufe für dich selbst.

Beobachte die Leiden deines Körpers, dann weißt du, was deine Seele bedrückt.

Das ist Seelenschamanismus! Er bedient sich der Sprache des Körpers, um zu erkennen, was die Seele fühlt. Dringe mit seiner Hilfe tief in dein Unterbewusstsein ein, und dann verändere von außen, was deiner Seele schadet. Und in der Folge wird dann auch dein Körper heilen. Das ist Seelenschamanismus! Und er funktioniert denkbar einfach.

Der Seelenschamanismus basiert auf altem Wissen, einem Wissen, das für unsere Ahnen noch selbstverständlich war. Egal ob bei den Eskimos, in Nordamerika, in Indien, Tibet, der Mongolei oder bei uns. Unsere Urgroßeltern verstanden noch die Sprache der Seele; wir haben sie verlernt. Dabei begegnet uns diese Seelensprache selbst im Sprachschatz der geflügelten Worte, die wir, oft ohne darüber nachzudenken, im täglichen Leben anwenden: *Das geht mir an die Nieren. Da läuft mir die Galle über. Du verlierst den Boden unter den Füßen. Was ist dir denn über die Leber gelaufen? Das sitzt mir ganz schön in den Knochen.*

Achte also auf das kleinste Symptom, denn es ist deine Seele, die sich damit meldet und dir sagt, was du zu verändern hast, damit sie sich wieder wohlfühlt. Nur so kommst du in deine Mitte, befreit von jeglicher Unpässlichkeit.

Seelenplan

Bevor du inkarnierst, beschließt die Seele, was sie in dieser Inkarnation erleben möchte, zu welchen Erfahrungen sie bereit ist und auch, wie viel Leid sie in dieser Inkarnation tragen kann. Bei der Festlegung ihres Seelenplans werden andere Seelen involviert, die in deinem Leben eine Rolle spielen werden. Sie trifft ihre Entscheidungen für die kommende Inkarnation nicht allein, denn du brauchst in der bevorstehenden Inkarnation Mitspieler, deren Seelenplan mit deinem in Einklang zu bringen ist. Ist das geschehen, steht dein Seelenplan fest. Nun wartet deine Seele darauf, dass die entsprechende Samenzelle und Eizelle aufeinandertreffen.

In dem Moment, in dem sie aufeinandertreffen und der Seelenstrahl hineinfährt, geschieht laut dem Schamanismus die Geburt des Menschen. Nicht erst dann, wenn wir das Licht der Welt erblicken, sondern mit dem Beginn der Schwangerschaft wird alles in der Urzelle gespeichert, was im energetischen Umfeld des Embryos geschieht.

In diesem Moment wird der Grundstock für alle deine späteren Geschichten gelegt. Und auch die ersten Blockaden werden gesetzt. Das, was die Mutter, die Lieferantin der Eizelle, denkt, das, was der Vater, der Lieferant der Samenzelle, denkt, all das, was im energetischen Umfeld dieser Urzelle passiert, wird in ihrer Kundalini gespeichert. Und einige dieser Blockaden können dich schon zu diesem Zeitpunkt vom eigentlichen Seelenweg abbringen.

Ein Beispiel: Nehmen wir einmal an, eine Frau ist im zweiten Monat schwanger und teilt das ihrem Mann freudestrahlend mit. Der aber ist darüber alles andere als begeistert: »Was, du bist schwanger? Mist! Das passt ja jetzt überhaupt nicht. Du weißt doch, wir wollen bauen. Vielleicht wäre es das Beste, du würdest es abtreiben lassen.«

Allein diese Äußerung verursacht beim Embryo eine Blockade. Wenn diese Person dann im späteren Leben investieren will, wird sie jedes Mal an diese Äußerung erinnert: Investieren bedeutet Gefahr, Abtreibung; hör auf zu investieren. Dadurch wird die Person automatisch von ihrem Seelenweg geworfen.

Und es gibt ganz viele weitere Beispiele. Deshalb gehört das Aufspüren und Lösen solcher Blockaden, die während der Schwangerschaft und in den ersten sieben Lebensjahren entstanden sind, zu den wichtigsten Methoden bei meiner seelenschamanischen Energiearbeit. Blockaden im energetischen Umfeld der Urzelle, des Neugeborenen oder des Kleinkindes sind derart prägnant, dass es unumgänglich ist, diese Blockaden zu löschen, damit die beseelte Person ihren ursprünglich beschlossenen Weg gehen und ihren Seelenplan erfüllen kann.

Schamanische Heilweise

Wenn du glaubst, du seiest es, der heilt, hast du schon verloren.

Eines solltest du dir von vornherein klarmachen: Nicht der Schamane ist es, der dich heilt, sondern du selbst bist es. Der Schamane führt dich allenfalls in den Heilungsprozess hinein, indem er deine Blockaden löst und in deiner Aura, deinen Chakren und in der Akasha-Chronik liest, welche Ursachen in dieser oder einer früheren Inkarnation für deine Unpässlichkeiten verantwortlich sind. Aus gutem Grund habe ich nicht das Wort Krankheit verwendet, denn im Seelenschamanismus gibt es keine Krankheiten, lediglich Unpässlichkeiten. Etwas passt nicht, etwas ist aus der Bahn geraten. Wollen wir also gemeinsam die Sache wieder in den Griff bekommen und in die rechte Bahn lenken!

In alten schamanischen Techniken wird ein heiliger Raum geschaffen, in dem wir Zeit und Raum verlassen und uns in den Zustand des Unterbewusstseins begeben. In diesem Zustand ist es möglich, Veränderungen im Energiesystem zu visualisieren, die unmittelbar Wunder bewirken können.

Die Schulmedizin behandelt Symptome. Hast du Halsschmerzen, verschreibt dir der Arzt Tabletten, die dafür sorgen, dass die Halsschmerzen wieder verschwinden. Sind die Schmerzen hartnäckig, greift er zu stärkeren Mitteln. Irgendwann ist er mit seinem Latein am Ende. Der Patient sieht sich in seiner Krankheit gefangen, fühlt sich eingeschränkt und machtlos, nicht selten niedergeschlagen. Die Diagnosen des Arztes basieren auf seiner Ausbildung und seinen klinischen Erfahrungen. Die Standards dafür, welche Diagnosen akzeptabel und somit erstattungsfähig sind, werden zum Teil auch von den Pharmakonzernen beeinflusst.

Die Arbeit des Schamanen hingegen basiert auf Visionen, Eingebungen und Einschwingungen auf den Patienten. Nach schamanischem Verständnis entstehen Unpässlichkeiten, wenn sich Anteile der Seele von ihr entfernt haben. Deshalb gibt es auch keine unheilbaren Krankheiten, sondern nur unheilbare Patienten.

Verlorene Seelenanteile werden, gemäß alten Traditionen, durch eine Seelenreise zurückgeführt. Ist die Seele wieder vollständig, ist der Weg zur Heilung geebnet. Ein erfahrener Schamane hat die Fähigkeit und Gabe, durch Visualisierung Raum und Zeit zu verlassen und sich dadurch in eine andere Wirklichkeit zu versetzen. Doch der moderne Mensch tut sich schwer, die schamanische Weltsicht zu verstehen.

Seelenreise, Seelenkommunikation

In meinen Seminaren behandle ich auch das Thema Seelenreise und Seelenkommunikation. Die alten Schamanen verstehen darunter eine Kommunikation zwischen zwei Seelen, aber auch zwischen Seele und Geist.

Jede Seele strebt ein höheres Bewusstsein an. Daher könnte man dieses Streben als ihre eigentliche Aufgabe ansehen. Der Schamanismus kennt verschiedene Stufen, die das Bewusstsein dabei durchläuft.

Als erste Stufe und niederste Inkarnationsstufe der Seele bezeichnen die Schamanen die feste Materie, zum Beispiel Steine, Berge, Flüsse und Seen.

Im Laufe vieler Inkarnationen lernen und wachsen die Seelen an den Erfahrungen, die sie in dieser Natur machen. Haben sie alle nötigen Erfahrungen gesammelt, können sie in die nächste Ebene inkarnieren, die zweite Stufe des Bewusstseins. Das ist das Reich der Pflanzen, Gräser, Blumen, Sträucher und Wälder.

Auf der dritten Stufe inkarniert die Seele als Tier. Auch hier lernt sie ihre Lektionen und entwickelt sich weiter, indem sie dem Menschen und der Natur dient.

Die nächste Ebene umfasst die vierte und die fünfte Stufe, die menschliche Ebene. Beide Stufen dauern jeweils 365 Inkarnationen, in denen die Seele ihre Aufgabe zu erfahren und zu erfüllen lernt. Das Kaleidoskop menschlicher und zwischenmenschlicher Emotionen reicht vom Hass bis zur bedingungslosen Liebe, von Egomanie bis hin zu Achtsamkeit und Mitgefühl, von Neid bis Großzügigkeit und Vergebung – kurzum, es umfasst alle Gefühle, die das Leben ausmachen.

Nachdem die Seele beide menschlichen Stufen durchlaufen und alles gelernt hat, kann sie in die sechste Stufe, die spirituelle Ebene eintreten. Sie ist ihre letzte Inkarnation, mit ihr endet das Rad des Erdendaseins.

Jede einzelne Stufe der Bewusstseinsentwicklung kann bis zu 365 Inkarnationen erfordern, bis die jeweils nächste Stufe erreicht werden kann.

Auch das ist eine ganz alte, überlieferte Weisheit. Grund genug, darüber nachzudenken, wie man aus seiner momentanen Lebenssituation heraus in die nächste Inkarnationsstufe aufsteigen könnte.

Mein Krafttier als Begleiter auf meinen schamanischen Seelenreisen

Bevor man eine schamanische Seelenreise antritt, sollte man mit einem Krafttier reisen. Das verstärkt die eigene energetische Kraft.

Du findest dein Krafttier, indem du dich in eine Meditation begibst und deinen Gedanken freien Lauf lässt. Zeigt sich dir ein Tier oder auch nur ein Teil eines Tieres während der Meditation drei Mal, dann kannst du davon ausgehen, dass dieses Tier dein Krafttier ist. Es wird dich für eine gewisse Zeit bei deinen schamanischen Seelenreisen begleiten, dich beschützen, deine Energie stärken und deine Intuition schärfen. Hat das Krafttier seine Aufgabe bei dir erledigt, wird sich in der Meditation ein neues Krafttier zeigen. Unter Umständen können es auch mehrer Krafttiere sein.

Finde dein Krafttier

Bringe dich in einen ruhigen, entspannten Zustand. Versuche, alle störenden Nebengeräusche abzustellen (z. B. das Telefon), und lege eine CD mit wunderbarer Musik ein, die dich zusammen mit den entsprechenden Atemübungen in einen Zustand tiefer Meditation bringt. Bevor die Meditation beginnt, richte den Wunsch an die Geistige Welt, dass dein Krafttier sich zeigen soll. Manchmal bedarf es mehrerer Meditationen, ehe dein Krafttier sich zeigt.

Schamanische Seelenreise zur Heilung

Klagt jemand schon über mehrere Jahre hinweg über Schmerzen, bei denen kein Arzt oder Therapeut sich erklären kann, woher sie stammen, kann es hilfreich sein, wenn ein Schamane eine Seelenreise in die Vergangenheit des Geplagten unternimmt. Dabei kann er sehen, ob es eine mentale oder physische Ursache für das Problems gibt.

Ereignisse aus der Vergangenheit sind Seelenerinnerungen und manifestieren sich auf der mentalen oder der physischen Ebene.

Bei Magenbeschwerden könnte zum Beispiel eine starke Bauchverletzung vorliegen, eine Kriegsverletzung in einer früheren Inkarnation vielleicht, und die Ursache für die Beschwerden sein. In dem Fall erhält der Schamane die alte Erinnerung, löst die durch sie entstandene Blockade aus der Vergangenheit auf, und dadurch kann dann die Heilung in diesem Leben geschehen.

In fast allen Fällen, in denen man keine Ursache in einer Verletzung feststellen kann, handelt es sich um Blockaden, die in früheren Inkarnationen entstanden sind. Meiner Erfahrung nach sind etwa 90 % aller scheinbar nicht heilbaren Krankheiten, die bereits einen langen Leidensweg verursacht haben und sich bis dahin nicht heilen ließen, auf solche Blockaden zurückzuführen. Diese kann man durch eine Seelenreise auf schamanische Art lösen.

Schamanisches Handwerkszeug

W ie für den Maurer die Kelle, den Schuster seine Leisten, die Näherin Nadel und Faden unentbehrliches Handwerkszeug sind, so kann auch der Schamane nicht ganz ohne Hilfsmittel auskommen. Das schamanische Handwerkszeug ist vielfältig. Nicht ohne Grund nenne ich das Räucherwerk an erster Stelle. Denn durch das Räuchern schaffen wir einen heiligen Raum, und schamanische Arbeit ist nicht unbedingt erfolgreich, wenn sie nicht in einem heiligen Raum geschieht.

Rauch. Schau ihn dir genau an, wie er vor deinen Augen verschwindet! Dieser Rauch nimmt alles Negative mit sich. Rauch steigt nach oben und löst sich auf. Du kannst ihm alles mitgeben, was der Erschaffung eines heiligen Raums abträglich wäre.

Das Räuchern hilft zudem, den Schamanen selbst und die zu behandelnde Person in eine tiefe Meditation zu führen.

Andere Hilfsmittel erschaffe ich energetisch, wie das *Lichtei*, die *Lichtkugel* oder die *Blume*.

Das *Lichtei* entsteht, wenn ich zwischen meinen Händen Energie produziere, diese komprimiere und so eine geballte Energie in Eiform bilde. Dieses *Lichtei* setze ich in das Aurafeld der Person, die ich behandle.

Um energetische Verletzungen zu heilen, ist die gebündelte Energie des *Lichteis* ein wunderbares Handwerkszeug. Wenn ich zum Beispiel aus dem Aurafeld einen Fluch oder eine Besetzung entnehme, kreiere ich ein *Lichtei*, setze dieses in die verletzte Aura und streiche die Aura dadurch wieder glatt.

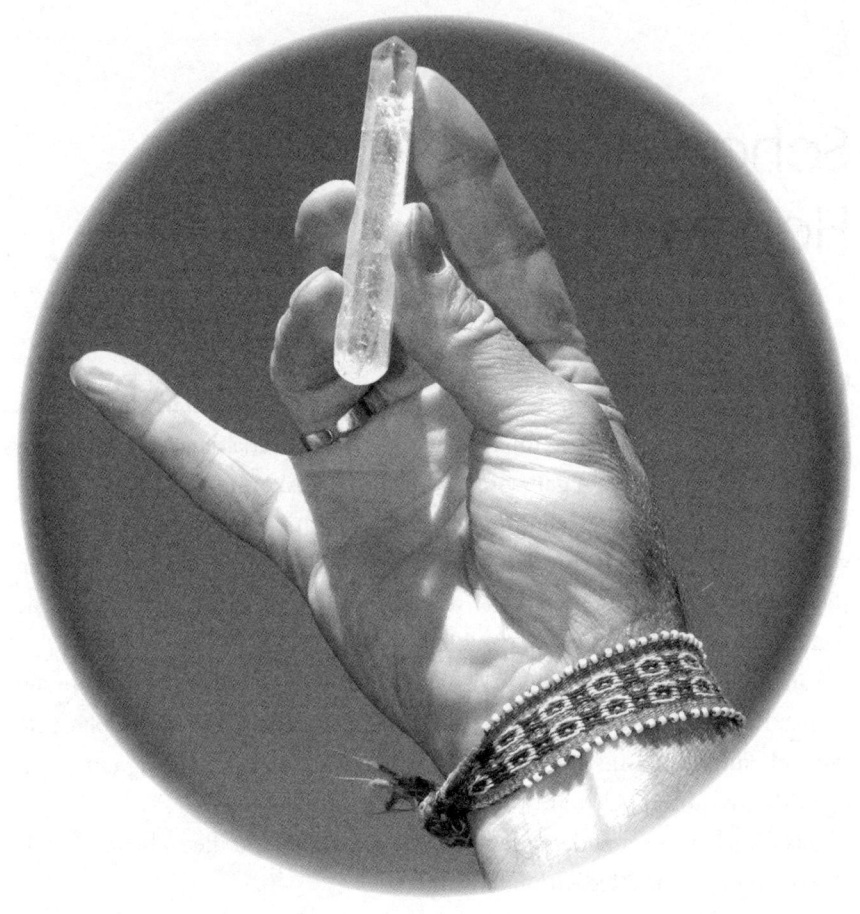

Kleine seelenschamanische »Fingerübung«

Reibe beide Handflächen zehn bis zwanzig Mal aneinander. Danach forme deine Hände zu einem Oval, und versuche anschließend, durch Auseinanderziehen und Zusammenführen der Handflächen einen Widerstand wahrzunehmen. Nach mehreren Versuchen wirst du intuitiv einen Druck spüren. Mit dieser Übung schulst du dein Unterbewusstsein darin, die Aura des anderen wahrzunehmen.

Die *Lichtkugel* forme ich auf dieselbe Weise zwischen meinen Händen. Allerdings stelle ich mir dabei vor, dass diese *Lichtkugel* eine Vakuumkugel ist. Diese setze ich in der Behandlung auf die verletzte Stelle des Körpers meines Patienten. Das Vakuum zieht energetisch alles Negative, das die Verletzung verursacht hat, heraus. Anschließend wird die *Lichtkugel* zum Reinigen in die Mutter Erde gegeben.

Der nächste Schritt bei dieser Behandlung ist erneut das Schaffen eines *Lichteis,* das auf die verletzte Stelle gestrichen wird. Dadurch ist sie dann bereit zur Heilung.

Eine weitere Technik ist die Arbeit mit der *Blume.* Es handelt sich um eine energetische Blume, die wir als Handwerkszeug benutzen. Stelle dir eine Blume vor! Visualisiere sie. Halte sie in Gedanken fest, und nimm die Energie aus einem kranken Körperteil, einem kranken Organ beispielsweise, heraus, und übergib diese Energie der Blume. Beobachte nun, wie die *Blume* darauf reagiert, und du wirst eine Diagnose stellen können. Lässt die *Blume* die Blätter hängen, hat das etwas mit dem Umfeld der zu behandelnden Person zu tun. Hat die *Blume* einen ganz dünnen Stiel, weist das auf ein Problem mit dem Selbstwert hin. Hat die *Blume* keine Wurzeln, fehlt es dem Patienten an Erdung. Lässt die *Blume* den Kopf, also ihre Blüten, hängen, dann liegt das Problem im Geist, im Denken. Die *Blume* ist unser Sensor. Mit ihr tasten wir uns ins Krisengebiet des Körpers vor und erfahren von ihr schließlich die seelische Ursache einer Unpässlichkeit. Warum ist ein Organ erkrankt? Und was kann ich tun, um seine Heilung zu initiieren? Die *Blume* ist unser schnellster Unpässlichkeitenfinder.

Die Blume

Setze dich auf einen Stuhl oder Hocker. Schließe deine Augen.
Nun stelle dir deine Lieblingsblume vor. Als Nächstes gibst du in Gedanken die Energie eines kranken Organs in die Blume und beobachtest deren Reaktion. Sei gespannt, was passiert!

Intuitive Kommunikation mit Organen

Jedes Organ und jeder Körperteil hat ein spezielles Resonanzfeld und eine eigene Aufnahmekapazität für spezifische Ereignisse, Verhaltensweisen und Begriffe. Die Schwingungen oder Frequenzen, die psychische Zustände bei uns auslösen, kommen mit den Frequenzen unserer Organe und Körperteile in Berührung. Hierbei werden Resonanzen oder Dissonanzen und sogar Interferenzen ausgelöst. Diese energetischen Berührungen unterliegen gewissen Gesetzmäßigkeiten und können folglich auch diagnostiziert werden. Die Intuitive Kommunikation mit Organen ist somit auch als Dialog mit dem Körperbewusstsein zu verstehen.

Im Seelenschamanismus verwenden wir die Intuitive Kommunikation mit Organen, wenn die Ursache einer Unpässlichkeit sehr unklar ist.

Der Ablauf sieht ungefähr folgendermaßen aus: Nachdem ich die zu behandelnde Person, beispielsweise mithilfe von Räucherwerk, in einen tiefen Meditationszustand versetzt habe, unterhalte ich mich mit ihren Organen oder Körperteilen.

Ich beginne den Dialog etwa so: »Stelle dir vor, du bist deine rechte Hand, du fühlst wie deine rechte Hand, du spürst hinein in deine rechte Hand, und du bist jetzt nur noch deine rechte Hand. Du identifizierst dich vollkommen mit ihr.«

Danach stelle ich dieser Hand die Frage: »Hallo, rechte Hand, wie geht es dir?«

Die zu behandelnde Person antwortet mir dann aus ihrem Unterbewusstsein heraus als rechte Hand. So führe ich die zu behandelnde Person über zwei, drei gesunde Organe hin zu ihrem unpässlichen Organ.

Dann frage ich beispielsweise die linke Niere: »Hallo, linke Niere, wie geht es dir?«

Und die linke Niere antwortet mir: »Oh Gott, mir geht es nicht gut! Ich muss so viel arbeiten. Die rechte Niere tut überhaupt nichts, die ist faul, überlässt alles mir.«

So kann ich über die Intuitive Kommunikation mit dem Organ Informationen aus dem Unterbewusstsein der Person, die ich behandle, darüber erhalten, was welches Organ bedrückt. Da mein Patient durch den Meditationszustand in einer anderen Ebene weilt, kann er mir auch mitteilen, welches Organ, welcher Körperteil von welcher Unpässlichkeit betroffen ist. Das funktioniert, ob ich mit dem großen Zeh rede oder mit dem Knie oder der Hüfte, der Schulter, dem Herz, der Niere oder der Galle – mit welchem Organ ich auch kommuniziere, die zu behandelnde Person antwortet mir aus ihrem Unterbewusstsein heraus. Dadurch werden immense Informationen frei, die dem normalen Verstand nicht zugänglich sind.

Wenn die Organe untereinander nicht ausreichend kommunizieren, kann das zu aggressivem Verhalten zwischen ihnen führen.

Die Therapieerfolge der Intuitiven Kommunikation mit Organen basieren auf dem Zusammenwirken mehrerer Methoden:

1. Der Patient muss zu seinem Körperbewusstsein geführt werden, sodass er sich in seine Organe und Körperteile einfühlen kann. Er muss wahrnehmen lernen. Er muss »sehen« lernen.
2. Der Heiler überträgt Heilenergie auf den Patienten.
3. Die dissonanten Schwingungen werden durch die Intuitive Kommunikation mit den Organen wieder in Harmonie gebracht.

Seelentausch bei einer Organverpflanzung

J edes Organ und auch jeder Körperteil ist beseelt, es bzw. er hat seine eigene Schwingung und Ausstrahlung. Wie im Zusammenleben der Menschen, so basiert auch das Zusammenwirken der einzelnen Organe auf Harmonie. Ohne ein harmonisches Miteinander kommt es zwangsläufig zu Unpässlichkeiten.

Durch einen Außenseiter gerät das Gleichgewicht einer Gemeinschaft leicht ins Wanken. Ähnlich verhält es sich in einer Organgemeinschaft – einem Körper. Werden aufgrund einer schweren Krankheit Organe verpflanzt, müssen sich neue Seelenanteile in die Organgemeinschaft integrieren; darüber wird sich aber kein Arzt der Welt Gedanken machen.

Sämtliche Organe kommunizieren miteinander, tauschen sich untereinander aus. Auf einmal nimmt da ein fremdes Organ den Platz ein, der bislang von einem Bekannten besetzt war. Das kann Probleme geben! Schlimmstenfalls lehnen die anderen Organe die Kommunikation mit dem Fremden ab.

Um dieser Disharmonie entgegenzutreten, kann man sich der intuitiven Seelenkommunikation bedienen. Der Schamane kommuniziert dann mit den einzelnen Organen, nimmt sie in ihre Verantwortung für die Gemeinschaft, in der es ihre Aufgabe ist, sich gegenseitig im intuitiven Gespräch zu stützen und so das Funktionieren des gesamten Systems zu bewerkstelligen.

Bei einer bevorstehenden Transplantation ist es ratsam, mit dem zu transplantierenden Organ sowie den anderen zuvor ein Seelengespräch zu führen, um eine erfolgreiche Integration zu erreichen.

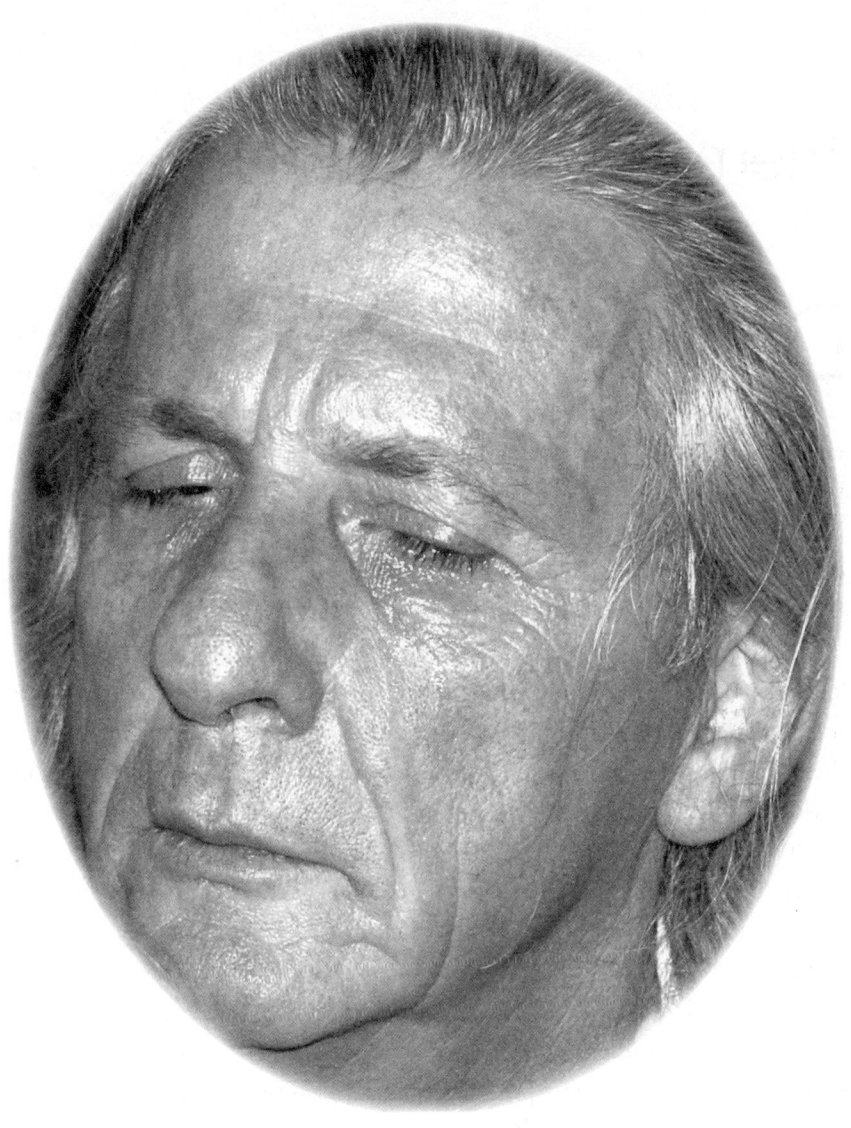

Thema Akasha-Chronik

Der Begriff Akasha-Chronik ist eine theosophische Bezeichnung für ein Astralgedächtnis, in dem alle Ereignisse, Gedanken und Gefühle seit Anbeginn der Welt bewahrt sind. Sensitive können in diese Dimension eintauchen und authentische Eindrücke von vergangenen Zeitaltern empfangen. Aus dieser Quelle haben u. a. H. P. Blavatsky und W. Scott-Elliot ihre Kenntnisse über die untergegangenen Kontinente Lemuria und Atlantis erhalten. Auch Rudolf Steiner berichtet in seinem Werk »Aus der Akasha-Chronik« in dem Abschnitt »Unsere atlantischen Vorfahren« davon.

In meiner seelenschamanischen Arbeit ist die Akasha-Chronik von zentraler Bedeutung. Ich verbünde mich mit meinem Höheren Selbst und verbinde mich mit der Akasha-Chronik. So benutze ich dieses universelle Gedächtnis, diese feinenergetische Bibliothek, in der alle Ereignisse aus all unseren Inkarnationen aufgezeichnet werden. Für jede Seele befindet sich sozusagen ein Buch in dieser Bibliothek, in dem ihre Gedanken, ihre guten wie schlechten Tugenden, eben einfach alles, was sie je getan und gedacht hat, durch all ihre Inkarnationen hindurch, festgehalten sind. Das gute oder das schlechte Karma wird dort aufgezeichnet. Was auch immer existiert, existierte und existieren wird – in diesem universellen Supercomputer ist es gespeichert.

Alles, was wir fühlen, denken und tun, senden wir als elektromagnetische Wellen in den Wissensspeicher. Jeder Mensch ist also quasi eine Sendestation, und es existieren Milliarden von Sendestationen, eben so viele, wie es Seelen gibt.

Menschen, die spirituell weit entwickelt und in der Seelenkommunikation bewandert sind, können mit ihrem Dritten Auge – denn mit ihm sieht man am besten – diese Bibliothek einsehen, sich dieses Wissensspeichers bedienen und mithilfe eines Seelenkommunikationskanals Informationen abrufen.

Eigentlich ganz einfach! Wenn ich mich auf mein Drittes Auge konzentriere, kann ich alles aus früheren Inkarnationen und dem heutigen Leben abrufen, was zur Heilung notwendig ist.

Die Aura sehen und fühlen, oder: »Mit dem ›Dritten‹ sieht man besser«

So paradox es für viele klingen mag, ich *sehe* die Aura deutlicher, wenn ich die Augen schließe, weil nicht die Farben, die nur einen momentanen Gefühlszustand beschreiben, für mich maßgebend sind, sondern das Energiefeld der Aura, das ich wahrnehmen kann. Frei nach dem Motto: »Mit dem ›Dritten‹ sieht man besser.«

Die Farben deiner Aura ändern sich schnell. Schließlich können Ärger und Zorn so rasch verschwinden wie ein Glücksmoment, der durch ein freundliches Wort oder ein Lächeln hervorgerufen wird. Deswegen will ich nicht im Farbkatalog deiner Aura blättern. Ich nehme vielmehr die Schwingung deiner Aura wahr. Und das sind bei Weitem exaktere Bilder.

Als eine hohe Schwingung gelangen Freude und Glücksgefühle zu mir und entsprechend als niedere dein Verletztsein, deine Sorgen und deine Ängste. Eine schwache Energie ist immer ein Anzeichen für Blockaden, die sich in dir festgesetzt haben. Werden die Blockaden gelöst, ist die Schwingung deines Energiefeldes sofort wieder hoch.

So wie die Farbe ist auch die teilweise in Zentimetern festgehaltene Größe der Abstrahlung der Aura für mich ohne Bedeutung. Ich muss deine Aura spüren. Spüre ich eine Trauer darin verhaftet, so sende ich dir Liebe, und deine Aura verändert sich im selben Augenblick.

Bei Regen wird deine Aura anders sein als bei Sonnenschein, wenn du Schmerzen hast anders als bei körperlichem Wohlbefinden.

Das Lesen der Aura ist für mich ein Weg, die Heilung anzuregen. Aber nicht ich heile, sondern du heilst dich selbst. Ich bin nur einer, der dir den Weg zeigt.

Unter Umständen ist es wichtig, dass du jetzt Schmerzen hast. Die Schmerzen wollen dir schließlich etwas sagen: Sie zwingen dich zur Ruhe, vielleicht kommst du nur mithilfe dieser Schmerzen zur Besinnung und wieder auf den richtigen Weg, vielleicht sorgen die Schmerzen dafür, dass sich deine Aura wieder zum Positiven verändert.

Die menschliche Aura ist das Bindeglied zwischen der physischen Welt und den feinstofflichen Ebenen. Sie ist gewissermaßen das »Tor zur Seele« und somit für die seelenschamanische Arbeit von zentraler Bedeutung. Grund genug, die Aura in meiner Seminarreihe allen anderen Themen voranzustellen, denn die Aura sehen, spüren, lesen und reinigen zu lernen, ist ein wesentlicher Schritt im Heilprozess.

Jeder Mensch sendet bei all seinem Tun und Handeln, seinem Denken und Fühlen unterschiedlich frequentierte elektromagnetische Schwingungen aus. Diese Schwingungen werden von den Zellen des grobstofflichen Körpers ausgesendet und bilden den feinstofflichen Energiekörper. Im Volksmund wird auch von der Ausstrahlung gesprochen, die ein Mensch hat. Dieser Begriff trifft den Punkt, denn die Frequenz wird ja tatsächlich ausgestrahlt.

Dieser Sachverhalt betrifft aber nicht nur uns Menschen, sondern alle Lebewesen, vom Mineral, das genauso ein Bewusstsein und eine Seele hat wie Pflanzen und Einzeller, bis hin zur Tierwelt. Alle Wesen senden in ihrem täglichen Dasein elektromagnetische Schwingungen aus.

Vergleichen wir die Aura mit der Erdatmosphäre, so stellen wir fest, dass ein Leben auf diesem Planeten ohne beide nicht möglich wäre. So, wie die Atmosphäre die Erde abschirmt, so dient uns auch die Aura als Puffer.

Bei einem spirituell vollkommen entwickelten Menschen rotieren die Chakren wie funkelnde Lichträder und transportieren die Lebensenergie in harmonischer Weise durch alle Organe und Körperteile. Die ätherische Aura glänzt in einem silbrigen Schimmer und weist darauf hin, dass es keinerlei gesundheitliche Beeinträchtigungen gibt.

Die Aura eines Menschen dagegen, der in seiner Kindheit traumatischen Belastungen ausgesetzt war, zeigt deren Auswirkungen deutlich auf. Die kleinen, engen Wirbel im unteren Bereich der Aura sind die Reste jener schmerzlichen Erlebnisse in der Vergangenheit.

Für aurasichtige Personen ist es auf diese Weise möglich, in der Aura den Gemütszustand, eventuelle Energiestaus, Blockaden und sonstige energetische bzw. mentale Zustände zu erkennen.

Die Aura offenbart uns die Stimmung in der Energie, die den materiellen Körper umgibt. Darin drücken sich unsere Sorgen, unsere Leidenschaften und selbstverständlich auch unsere Krankheiten aus.

Unser Körper wird von sieben feinstofflichen Schichten, die übereinander lagern, umhüllt. Diese Hüllen, aus denen sich die Aura zusammensetzt, sind allerdings nicht wirklich voneinander getrennt, sondern berühren und durchdringen sich gegenseitig. Alles, was lebt, hat eine Aura, auch Pflanzen und Tiere, nur sind bei diesen lediglich die ersten beiden Schichten der Aura entwickelt. Sogar Steine haben eine Aura, die jedoch nur schwach sichtbar ist. Mit etwas Übung ist der Feinfühlige auch in der Lage, die Auraschichten einzeln zu spüren.

Die sieben Schichten der Aura werden den sieben Hauptchakren zugeordnet, die innerste dem Basis-, die äußerste dem Sakralchakra. In den einzelnen Schichten zeigen sich verschiedene Probleme und Blockaden, an denen der Heiler unter Umständen hinter dem körperlichen das seelische Problem erkennen kann.

Die sieben Schichten der Aura in Stichpunkten

Die erste Schicht: Der Nahrungskörper. Er ist unserem Körper am ähnlichsten. In ihm erkennen wir lebensbedrohliche organische Krankheiten.

Die zweite Schicht: Der Vitalkörper. Er zeigt grobe energetische Prozesse wie Temperaturregelung, Kreislauf, hormonelle Abläufe, Atmung, Stress, Leid, also lebenswichtige Vorgänge.

Die dritte Schicht: Der Geistkörper. Er zeigt höhere, feinstoffliche Funktionen. Diese Schicht wird auch Emotionalleib genannt. In ihm erkennen wir vegetative, nervliche sowie hormonelle unterbewusste Vorgänge. Auch Hören, Riechen, Schmecken und Tasten drücken sich in ihm aus.

Die vierte Schicht: Der Wissenskörper. Er eröffnet uns Gedanken von geistiger Klarheit, Intuition und freien Willen. In ihm drücken sich emotionale Vorgänge wie Wut, Liebe und Trauer aus.

Die fünfte Schicht: Die Kausalhülle. Sie ist die äußerste sichtbare Schicht. Sie ist die genetische Verbindung zu den wahren Ursprüngen.

Die sechste Schicht: Die Seelenhülle. Sie stellt die Verbindung der individuellen Seele zum göttlichen Ursprung, zum Urgrund allen Seins her.

Die siebte Schicht: Die Göttliches-Selbst-Hülle. Sie ist für spirituelle und göttliche Ausrichtung zuständig, aber auch für spirituelle Probleme. Sie entspricht der Anbindung an die Geistige Welt.

In meinen Seminaren lernen die Teilnehmer, wie man die Aura sehen, fühlen und deuten kann und wie sie gereinigt wird.

Jeder spürt hin und wieder das Aurafeld eines anderen Menschen. Auch du hast das sicher schon einmal erlebt, sei es auf einer Zugfahrt, wenn dein Gegenüber dich angestarrt hat, oder in der Warteschlange im Supermarkt. Vielleicht hast du manchmal auch das Gefühl: Da ist jemand!, aber es ist niemand da. In solchen Momenten ist jemandes Gedanke an dich in deine Aura eingedrungen. Unbewusst nimmt wohl jeder täglich die Aura anderer Menschen wahr. Doch um mit ihr arbeiten zu können, muss man lernen, die Aura bewusst wahrzunehmen. Dazu ist es – wie übrigens bei allen schamanischen Heilvorgängen – nötig, dass du zunächst den Arbeitsbereich entstörst und den eigenen Schutz aufbaust, indem du einen Turmalin zwischen dich und die zu behandelnde Person stellst. Dann stellst du Kontakt zum eigenen Höheren Selbst und der Akasha-Chronik her, um nachzufragen, ob es dir erlaubt ist, in dieser Weise einzugreifen. Erst dann erfühlst du die Schichten der einzelnen sieben Körper.

Um eine Aura zu reinigen, ist es erforderlich, dass du alle sieben Schichten der Aura unterscheiden lernst. Schließlich müssen die feinstofflichen Probleme, die sich dort zeigen, für den Heiler zuordenbar sein, damit er die seelische Ursache hinter dem körperlichen Problem erfassen kann.

Im nächsten Schritt werden durch eine Art Auseinanderstreichen Blockaden gelöst, die sich in der Nähe von kranken oder belasteten Organen in Form von Einbrüchen oder Ausbeulungen im Energiekörper zeigen. Dabei ist es entscheidend, mit dem ganzen Bewusstsein in die einzelnen Körper bzw. Schichten der Aura zu gehen, denn dort, wo dein Gedanke ist, ist auch deine Energie.

Die sieben Schichten liegen dann wie ein aufgeschlagenes Buch vor dir. Du kannst darin lesen, in welcher Schicht sich Unpässlichkeiten, Schmerzen beispielsweise, manifestiert haben. Nun kannst du das Energiesystem regulieren. Dabei ist jedoch Vorsicht geboten, denn es ist ähnlich wie bei einer achtsamen Zahnbehandlung: Du kannst maximal zwei Schichten behandeln, weil der Patient sonst überfordert sein könnte.

Abschließend bedankst du dich bei deinem Höheren Selbst und trennst dich wieder von ihm.

Die Aura wahrnehmen

Setze dich draußen in der Natur ganz entspannt in etwa zwanzig Meter Entfernung vor einen allein stehenden Baum.

Schließe deine Augen, und konzentriere deine Gedanken vollkommen auf den Baumstamm.

Öffne nun deine Augen ein wenig, und beobachte mit leicht zugekniffenen Augen den Baumstamm.

Zuerst wirst du eine helle Schicht, etwa ein bis zwei Zentimeter dick, am Baumstamm wahrnehmen. Diese Schicht ist das Energiefeld des Stammes.

Nach kurzer Zeit wirst du eine weitere Schicht, etwa zehn bis zwanzig Zentimeter dick, wahrnehmen: Dies ist die Aura des Baumstammes.

Versuche es, und gib nicht gleich auf, wenn du nichts siehst. Es wird dir gelingen!

In einem gesunden Körper wohnt ein gesunder Geist.

Im Sinne dieser Weisheit können wir acht Punkte benennen, durch die die Aura geschwächt wird.

1. Schlechte Ernährung
2. Zu wenig Bewegung
3. Zu wenig frische Luft
4. Stress
5. Alkohol
6. Drogen
7. Tabak
8. Negative Angewohnheiten

Zur Erholung und Stärkung deiner Aura fahre ans Meer!
Am Meer sind die vier Grundelemente des Lebens am präsentesten.

1. Feuer in Form der Sonne
2. Luft in Form der Meeresbrise
3. Wasser aus dem Meer
4. Die Erde, auf der du stehst

Unser Körper ist in der Lage, diese Elementarenergien in Heilenergie umzuwandeln.

Schamanische Chakrenarbeit

Schamanische Chakrenarbeit ist notwendig, um Energieblockaden aufzuheben, die durch energetische Überbelastung, übermächtigen Schmerz, Angst oder Zorn verursacht worden sind. Solche Situationen, die als allzu bedrohlich empfunden werden, lösen überwältigende Schockerlebnisse aus.

Die Hindi-Bezeichnung *Chakra* bedeutet in der wörtlichen Übersetzung »Rad«, bezeichnet aber darüber hinaus spirituelle oder feinstoffliche Energiezentren im Menschen. Dementsprechend sind die Chakren nicht biologisch mit dem Körper verbunden, sondern spirituell, und stellen vielmehr spirituelle Nervenzentren dar, die hintereinander auf der Zentralnervenbahn der Wirbelsäule liegen, entlang dem Sushumna-Kanal. Chakren sehen aus wie Trichter oder Energiekegel, die aus einer Anzahl kleinerer Energiekegel bestehen. Jeder Kegel ist auf eine spezifische Frequenz gestimmt, die der Körper für sein gesundes Funktionieren braucht.

Ein gesundes, richtig funktionierendes Chakra dreht sich im Uhrzeigersinn (wenn man die Person von vorne sieht), wodurch die Energie aufwärts zum nächsten Chakra gezogen wird. Wir Menschen besitzen sieben Hauptchakren; ganz unten liegt das Wurzelchakra, ganz oben das Scheitelchakra. Neben diesen klassischen Hauptchakren werden weitere Energiezentren genannt, diese sind zum einen die geistigen Chakren (im Seelenschamanismus die Chakren 8 bis 14) über dem Scheitelchakra, zum anderen die sieben Erdungschakren, die vom Wurzelchakra, in Abständen von jeweils etwa zehn Zentimetern, in die Erde führen. Um den Menschen in seiner Ganzheit zu erfassen, werden noch weitere Energiezentren miteinbezogen, beispielsweise die leicht zu erspürenden Handchakren, die das Wechselspiel von Geben und Nehmen repräsentieren. In beiden Handflächen befindet sich zudem ein Herznebenchakra; die Nebenchakren des Wurzelchakras finden wir in beiden Knien und in beiden Fußsohlen. Insgesamt haben wir, nach indischer Überlieferung, 888 Nebenchakren.

Das System der Chakren

Die einzelnen Chakren und das System, das sie im Zusammenspiel ihrer Funktionen bilden, bedeuten für den Schamanen eine besondere Form der Chakrenarbeit. Die Übersetzung von »Chakra« mit »Rad« trifft nur vage die Vorstellung. Gemeint ist ein »sich drehendes Rad«, weil alle Chakren systematisch miteinander verbunden sind. Man kann sich die Chakren auch als eine Art Kraftwirbel vorstellen, die im Austausch mit dem universellen Energiefeld stehen. Jedes Chakra beeinflusst die Energie der anderen Chakren. Ist ein Chakra aus dem Gleichgewicht geraten, beeinträchtigt es auch die anderen Chakren und verringert die Aufnahme von Prana, der universellen Lebenskraft, und damit die Vitalität des Menschen.

Die sieben Hauptchakren, die im Prinzip entlang der vertikalen Achse des menschlichen Körpers aufgereiht sind, haben zwischen dem untersten und dem obersten Chakra eine energetische Verbindung, die man Kundalini nennt. Die Kundalini-Kraft bewegt sich in drei vertikalen Energiesträngen. Der Hauptstrang, der Sushumna-Kanal, der normalerweise unmittelbar die Wirbelsäule entlang verläuft, wird von den beiden anderen Strängen, Ida und Pingala, locker umwunden. Mit der Energie dieses »Drei-Stränge-Systems« steht und fällt die Vitalität des Menschen.

Wie man aus alten Überlieferungen weiß, transportieren die sieben Hauptchakren die Urkraft der Fruchtbarkeit, der Liebe und der emotionalen Bedürfnisse in das Energiezentrum der Eigenliebe – unser Herz. Nur wenn im Herzen Harmonie besteht, ist der Mensch in der Lage, die geistigen Kräfte, die über das Scheitelchakra empfangen werden, als Fähigkeit zu entwickeln. Die Bedeutung und das Heilpotenzial der Chakren wurden in den Lehren der indianischen Schamanen und Heiler – wenn auch unter anderem Namen – dokumentiert und an wenige Auserwählte weitergegeben.

Potenziale der Chakren

Jedes der sieben Hauptchakren hat eine bestimmte Frequenz und ist für eine Funktion zuständig. Die drei Chakren im Kopfbereich und in der Kehle steuern den Intellekt (Denken). Die Chakren auf der Vorderseite des Körpers steuern die Gefühle (Emotionen), ihre Gegenstücke auf der Rückseite steuern den Willen (physische Empfindung).

1. Chakra (Wurzelchakra)

Das erste Chakra liegt am unteren Ende der Wirbelsäule in der Nähe des Steißbeins. Es steht in Beziehung zur physischen Energie und zum Leben in der Wirklichkeit. Hier befindet sich der Ausgangspunkt der Kundalini-Kraft der drei Hauptmeridiane. Das Chakra kontrolliert einen horizontalen Abschnitt des Körpers, die Ausscheidung und die Verdauung der Nahrung.

2. Chakra (Nabelchakra)

Das zweite Chakra befindet sich etwa zwei Fingerbreit unter dem Bauchnabel. Durch dieses Chakra werden tiefe Gefühle wahrgenommen, die mit einer physischen Manifestation verbunden sind. Es steuert die sexuelle Energie, wobei es sich hier um weit mehr als körperliche Lust handelt. Dieses Chakra steuert auch die Organe im Beckenbereich, zum Beispiel die Geschlechtsorgane. Da es sich in unmittelbarer Nähe zum Hara (Sitz des Inneren Kindes/der Inneren Frau/des Inneren Mannes) befindet, spielt es auch eine wichtige Rolle bei der Verteilung des Prana.

3. Chakra (Solarplexuschakra)

Das dritte Chakra sitzt etwa zwei Fingerbreit über dem Bauchnabel. Es ist der Sitz der Persönlichkeit. Von ihm werden Zufriedenheit und Vertrauen gesteuert. Die Beständigkeit des Chakras weist die dichteste und gleichförmigste Schwingung auf, die im feinstofflichen Energiesystem anzutreffen ist.

4. Chakra (Herzchakra)

Der Sitz des vierten Chakras ist in der Herzgegend, in der Höhe des achten Halswirbels. Das Herzchakra ist die Eingangspforte für den Astralkörper und zugleich Steuerungsmechanismus für das emotionale Leben. Es steuert die Qualität und die gegenseitige Beeinflussung von Freude, Angst, Wut und Schmerz. Vor allem aber ist es das Chakra der Liebe und des Mitgefühls.

5. Chakra (Halschakra)

Das fünfte Chakra hat seinen Sitz unmittelbar am Halsansatz beim dritten Halswirbel. Dieses Chakra kontrolliert den gesamten Bereich von Hals, Rachen und Gesicht und bestimmt somit auch auch Gesichtsausdruck und Gestik. Außerdem ist es verantwortlich für den sprachlichen Ausdruck.

6. Chakra (Drittes Auge)

Der Sitz des sechsten Chakras ist zwischen den Augenbrauen in der Mitte der Stirn. Es wird auch als das Dritte Auge bezeichnet. Von diesem Chakra wird nicht nur das Sehvermögen der physischen Sinne gesteuert, sondern auch die Einsicht in die höheren geistigen Ebenen wie Hellsichtigkeit und andere Formen der Wahrnehmung. Es ist der Sitz der göttlichen Intelligenz.

7. Chakra (Scheitelchakra)

Der Sitz des siebten Chakras ist auf dem Kopf, direkt am Scheitel. Dem Scheitelchakra ist die Epiphyse zugeordnet. Es ist das Chakra, das zuletzt erwacht, und entspricht deshalb der höchsten Ebene spiritueller Vollendung.

Wie wichtig gut arbeitende Chakren sind, kann man ermessen, wenn man sich klarmacht, dass für unseren täglichen Energiebedarf (etwa 1 000 Watt) die Chakren 60 % beisteuern. Weitere 20 % erreichen wir durch unsere Bewegung und 20 % durch die Ernährung.

Aufgrund von Blockaden und vorgeburtlichen Verformungen der Wirbelsäule sind die Chakren bei uns meist schon bei der Geburt in ihrer Funktion beeinträchtigt. Arbeiten die Chakren aber nicht richtig, so ist der Fluss der Lebenskraft gestört.

In meinen Seminaren lernen die Teilnehmer, wie man die Chakren reinigt, neu ausrichtet und aktiviert. Dadurch kann die Lebensenergie wieder frei fließen. Durch die Chakrenarbeit werden dem Menschen Qualitäten und Fähigkeiten wie Vitalkraft, schöpferische Energie, universelle Liebe, Weisheit, Hellsichtigkeit und Freiheit gegeben.

Ich werde im Folgenden erläutern, wie man Schamanische Chakrenarbeit anwendet, damit die Energie der Chakren Schritt für Schritt ins Gleichgewicht gebracht wird.

Ablauf der Schamanischen Chakrenarbeit

Du nimmst beide Fußsohlen der liegenden Person in deine Hände. In diesem Moment stellst du über deine beiden Herznebenchakren, die sich in deinen Handflächen befinden, eine Verbindung zwischen deinem Herzchakra und der Person her. Du hältst die Fußsohlen so lange, bis das Energiefeld gereinigt und das Gleichgewicht hergestellt ist. Dadurch, dass von unten Energie in den Körper gesendet wird, gleicht sich das ganze Feld an und wird aktiviert.

Im nächsten Schritt begibst du dich auf die rechte Seite der Person und stellst mit deinen Händen eine Verbindung von der Fußsohle zum Knöchel her und lässt deine Energie dort hinauffließen. So fährst du von Gelenk zu Gelenk fort, weiter zum Knie, von dort zur Hüfte. Anschließend machst du dasselbe auf der linken Körperseite. Von der Hüfte aus bewegst du dich zum zweiten Chakra.

Wichtig bei dieser Chakrenarbeit ist, dass die Energie immer gleichmäßig fließt und der Kontakt zu der zu behandelnden Person nicht unterbrochen oder gelöst wird. Vom zweiten Chakra aus, auf dem deine rechte Hand liegt, lässt du die Energie zum dritten Chakra fließen, indem du die linke Hand darauflegst, so lange, bis dein Unterbewusstsein signalisiert, dass es genug ist.

So gehst du nun Chakra für Chakra weiter, bis zum siebten Chakra. Nach der Aktivierung des Scheitelchakras greifst du direkt wieder die Fußsohlen, um zum Abschluss nochmals die Energie von dort aus durch den ganzen Körper fließen zu lassen.

Spüre den Energielauf der Chakren

Lege eine Hand auf das Herzchakra einer anderen Person, genau zwischen die Brustwarzen.

Lege die zweite Hand etwa zwei bis drei Fingerbreit unter dem Bauchnabel auf das zweite Chakra, und schließe deine Augen. Beobachte einfach, was du spürst!

Achte auch darauf, was die Person, der du deine Hände auflegst, empfindet! Nach etwa drei bis fünf Minuten wird sie ein starkes Wohlbefinden fühlen.

Inneres Kind/Innere Frau/ Innerer Mann

Ein weiterer ganz wesentlicher Baustein in der Schamanischen Energiearbeit ist die Aufarbeitung der drei Energien Inneres Kind, Innere Frau und Innerer Mann. Ihr Sitz ist das Hara, das zwischen dem ersten und dem zweiten Chakra liegt.

Durch die Aufarbeitung dieser drei Energien kann die jeweilige Person ihre Mitte und Standhaftigkeit wiedererlangen und ist dadurch den Belastungen ihres Umfeldes besser gewachsen.

Mindestens eine der drei Energien ist bei den meisten Menschen in Vergessenheit geraten oder derart verkümmert, dass sie kaum noch wahrgenommen wird. Das zeigt sich immer wieder deutlich an sehr markanten Verhaltensmustern.

Beispiel eins: Das Kindliche im Mann oder in der Frau ist vollkommen verloren gegangen. Er oder sie hat kein kindliches Staunen, keine kindliche Freude, keine Freude am reinen Spiel mehr, und selbst der Bezug zu Kindern ist gestört. Hier fehlt eindeutig die Energie des Inneren Kindes. Konfrontiert mit den Verletzungen aus der Kindheit, neigen Menschen dazu, deren Ursachen zu ignorieren. Sie suchen nach Schuldigen, die sie dafür verantwortlich machen können, sozusagen nach der Spindel, die sie gestochen hat. Sie erklären jede Form ihres Inneren Kindes für verschwunden.

Beispiel zwei: Es besteht eine starke Dominanz. Das ist, egal ob Frau oder Mann, ein untrügliches Zeichen dafür, dass die Energie des Inneren Mannes zu intensiv gelebt wird. Er oder sie ist der Mann, der Krieger, der im Äußeren kämpft, um das Innere vor Verletzungen zu schützen.

85

Beispiel drei: Ein Mann oder eine Frau ist weich, umsorgend, nährend, bereit, aufzunehmen. Aber er oder sie ist auch das Dornröschen, das sich, eingeschlossen von einer Dornenhecke, aus Angst vor Verletzungen der Welt verschließt. Dominanz ist ein Fremdwort für diesen Menschen, und seine Angst, verletzt zu werden, raubt ihm den letzten Funken Kindlichkeit. Er lebt einzig und allein die Energie der Inneren Frau.

Diese drei Energien können mit einer ganz besonderen Technik wieder in Einklang gebracht werden, einer Technik, die ich in meinen Seminaren lehre und die ich hier, in sehr verkürzter Form, wiedergebe:

Wir starten mit einer kurzen Meditation, in der wir die zu behandelnde Person zur inneren Ruhe bringen und dabei auf das mediale Hören, Sehen und Fühlen einstimmen. Danach führen wir sie in einer Fantasiereise über eine Wiese zu einem großen Haus. Dort finden wir drei Türen vor. In den Räumen hinter diesen Türen, die wir anschließend einzeln medial betreten, wohnen ihr Inneres Kind, ihre Innere Frau und ihr Innerer Mann. Wir fordern die Person auf: »Was siehst du, hörst du, fühlst du, wenn du durch diese Türen trittst? Beschreibe es!« Sie soll sich mit ihrem Inneren Kind, mit ihrer Inneren Frau, mit ihrem Inneren Mann unterhalten, sich nach den jeweiligen Bedürfnissen erkundigen. Nachdem du in den einzelnen Räumen die jeweiligen Energien gefunden und ein positives Bild von allen dreien aufgebaut hast, werden zum Schluss alle drei miteinander vereint und harmonisiert.

Dadurch ändert sich äußerlich und innerlich eine ganze Menge.

Bei einigen Leuten ist es, als hätte ein Chiropraktiker Hand angelegt. Sie sind mit einem Male nicht mehr rechts- oder linkslastig, denn ihre Energie ist wieder im Zentrum gefestigt.

Einige Aussagen dazu: »Bei mir ist es immer so, dass ich unbewusst mein Verhalten ändere. Und erst später fällt mir auf, dass diese Änderungen auf eine eindeutige Entwicklung hinweisen. Ich kaufte mir mehr Röcke als Hosen, und es war sogar ein Kleid dabei! Eines, wie ich es mir vor einem halben Jahr NIE gekauft hätte.«

»Die Leute in meinem Umfeld reagieren plötzlich ganz anders auf mich. Meine älteste Schwester ist meine größte Kritikerin. Das geht so weit, dass ich aufgrund ihrer Interventionen von der ganzen Verwandtschaft gemieden worden war. Durch meine ›Korrektur‹ hat sie ihre Einstellung zu mir vollständig geändert. Sie sieht mich plötzlich positiv, sagt, dass ich weiche Energien um mich herum habe, dass ich hübscher und im ganzen Wesen stimmiger geworden sei. Und auch von der Verwandtschaft bekomme ich unerwartete Komplimente!«

»Ich bin in mir gefestigt. Meine Aussagen sind jetzt klar. Ich kann Nein sagen, ohne ein schlechtes Gewissen zu bekommen. Es geht mir so gut wie nie vorher in meinem Leben. Ich kann wieder hohe Schuhe tragen, ohne dass mir dabei die Füße schmerzen. Vor ein paar Jahren konnte ich nur noch flache und weiche Turnschuhe tragen. Die innere Veränderung hat somit auch eine gesundende Auswirkung auf meine körperlichen Unzulänglichkeiten gehabt.«

»Mein ›Innerer Mann‹, der über vierzig Jahre das Regiment geführt hatte, wehrt sich! Ich habe in den letzten dreißig Jahren nicht so viel kaputt gemacht wie in den letzten dreißig Tagen. Es läuft immer nach demselben Muster ab. Ich wische mit der rechten Hand oder dem rechten Arm etwas vom Tisch oder vom Regal. Beim Wegdrehen bleibe ich an dem Gegenstand hängen, und der Gegenstand landet auf dem Boden. Vielen Gegenständen passiert nichts, aber Gläser überleben den Aufprall auf dem Fliesenboden nicht. So habe ich in der letzten Zeit unzählige Kleinigkeiten auf den Boden geworfen.«

»Ich würde mein Körpergefühl so beschreiben, dass es mir vorkommt, als müsste die rechte, also die männliche Seite sich erst wieder eingewöhnen. Abstände sind plötzlich anders, die Motorik funktioniert unterschiedlich. Ich komme mir vor wie ein Schlaganfallpatient, der viele Dinge wieder lernen muss. Meine rechte Seite muss das auch.«

»Meine rechte Seite wehrt sich auch ganz heftig. Seit Mittwoch dieser Woche ist meine gesamte rechte Seite extrem angespannt. Ich habe mich am Donnerstag massieren lassen, und die Masseurin hat mir demonstriert, wie angespannt die gesamte rechte Körperhälfte ist. Im Allgemeinen habe ich keine Schmerzen, aber wenn ich den Kopf nach rechts drehen will, geht das nur unter größten Schmerzen im Nackenbereich. Nach zwei Tagen ist natürlich auch die linke Seite ›infiziert‹, und jetzt kann ich auch nur noch nach links gucken, wenn ich den ganzen Oberkörper drehe! Gut gemacht, mein Innerer Mann.«

»In der Meditation kam ganz klar heraus, dass sich die männliche Seite vernachlässigt fühlt, da ich meiner weiblichen Seite sehr viel mehr Aufmerksamkeit widme und sie dadurch immer stärker wird. Die männliche Seite rächt sich dafür mit Anspannung, sie will nicht lockerlassen. Sie will die Kontrolle nicht abgeben. Irgendwie konnte ich ihr noch nicht begreiflich machen, dass ich sie trotzdem liebe, schätze und für wertvoll halte – und sie selbstverständlich auch weiterhin brauche. Ich habe meiner männlichen Seite geschrieben:

›Liebe männliche Seite, wir können diesen Weg nur zusammen gehen. Je mehr du dich wehrst, desto mehr tut es uns allen weh. Schau dir doch mal die linke Seite an! Sieht sie nicht viel besser aus als früher? Mit einer tollen Frau an deiner Seite erntest auch du mehr Bewunderung, denn wir vier sind nun einfach eine Einheit. Unzertrennlich und im ausgewogenen Zustand sind wir unendlich stark. Ich möchte dir einen Spruch von Lao-Tse zitieren:

Wer andere erkennt, ist gelehrt.
Wer sich selbst erkennt, ist weise.
Wer andere besiegt, hat Muskelkraft.
Wer sich selbst besiegt, ist stark.
Wer zufrieden ist, ist reich.
Wer seine Mitte nicht verliert,
ist unüberwindbar.

Wir sind so in der Mitte, wie wir es in diesem Leben noch nie waren. Du solltest keine Angst vor der Veränderung haben, nur Vertrauen darein, dass wir dich so lieben, wie du bist. Wir vertrauen auf deine Erfahrungen und Stärken, die dann zum Einsatz kommen, wenn sie nötig sind. Und du bist intelligent genug, zu erkennen, wann sie nötig sind. Du musst die Last für unser Leben nicht allein tragen. Wir sind stärker geworden in den letzten Monaten.

Und wir danken dir, dass du uns in selbstloser Weise in den letzten 46 Jahren so gut durch das Leben manövriert hast, mit all deiner Stärke. Ich verstehe, dass du dich wehrst, weil du der ganzen Sache noch nicht so ganz traust, aber du warst bei jedem Schritt der Veränderung dabei. Wir brauchen dich, und du brauchst uns, um mit der neuen Situation fertigwerden zu können. Und das Wichtigste, was wir alle lernen müssen, sind Vertrauen und Liebe.

Wir lieben dich!

Deine linke Seite, deine Mitte, ich‹

Während ich diese Zeilen geschrieben habe, wurde meine rechte Seite warm. Vielleicht hat sie dabei schon begriffen, dass dies nicht das Ende, sondern der Anfang von einem neuen Leben ist. Und da mein altes Leben bisher nicht langweilig war, wird auch das neue aufregend werden.«

Im Seelenschamanismus ist die Arbeit mit diesen drei Energien auch deshalb so wichtig, weil ein gefestigtes Zentrum für den Heilprozess oft ausschlaggebend ist.

Dein Inneres Kind

Versuche, dir mindestens fünf Dinge, die du früher als Kind getan hast, ins Gedächtnis zu rufen. Also zum Beispiel: in Pfützen springen, Klingelputzen und was dir sonst noch so an »Unarten«, die dir Spaß gemacht haben, einfällt. Heute lebst du diese Dinge nicht mehr aus, weil sie dir zu albern oder zu banal oder zu unschicklich erscheinen. Schreibe sie auf, und denke darüber nach, was dich daran hindert, sie in die Tat umzusetzen.

Flüche

Spätestens seit Harry Potter wissen wir, was Flüche bewirken können. Dabei musst du kein Zauberer sein, um beispielsweise jemandem die Pest an den Hals zu wünschen oder einem rücksichtslosen Autofahrer den schnurgeraden Weg an den nächsten Baum. Es genügt, wenn dein Fluch mit stark gebündelter Energie bepackt seinen Adressaten findet.

Das Dumme dabei ist nur – und das unterscheidet dich von Harry Potter –, dass du nicht wirklich Herr über deine Flüche bist, und wenn es ganz dumm läuft, kommt dein Fluch in vielfacher Stärke auf dich zurück. Das geschieht, wenn der Adressat ein reines Gewissen hat und sein Energiefeld daher so stark ist, dass dein erbärmlicher Fluchversuch an ihm abprallt. Ohne deinen Fluch nun wörtlich zu nehmen (es dürfte zum Beispiel schwer sein, einen Mitteleuropäer des 21. Jahrhunderts mit einer Pesterkrankung zu verfluchen), kann er freilich im Energiefeld der betreffenden Person hängen bleiben und so für ein gewisses Unwohlsein sorgen.

Nehmen wir Flüche also nicht auf die leichte Schulter, sondern räumen ihnen den Platz in der schamanischen Arbeit ein, der ihnen gebührt!

Flüche sind also, wie auch Versprechen, Eide und Verwünschungen, stark geballte Energien. Sinn und Zweck meines Seminars zu diesem Thema ist es nicht nur, zu erklären, was Flüche sind und woher sie kommen; es geht vor allem darum, wie man sie auflöst oder entfernt. Das betrifft nicht nur einen selbst oder andere Personen; auch Straßen, Grundstücke, Gebäude, Häuser und Wohnungen, selbst ganze Ortschaften können wir von negativen Energien befreien.

Im täglichen Umgang in der Familie, mit Verwandten, Freunden und nahen Bekannten geschieht es zuweilen, dass wir bewusst oder unbewusst Dinge sagen, die die Kraft eines Fluches besitzen. Wenn man beleidigt oder angegriffen wurde, sinnt man übereilt auf Rache oder verflucht den anderen; dies geschieht im Unterbewusstsein so schnell, dass man es selbst oft gar nicht bemerkt. Wie häufig hat man im Laufe eines Lebens nicht gehasst und Rache geschworen – und es dann wieder aus seinem Gedächtnis gelöscht? Unser Unterbewusstsein aber, dieser unendliche Speicher, scheint diese Dinge für alle Zeiten festhalten zu wollen – und nicht nur aus unserer aktuellen Inkarnation. Denke daran, dass Tausende von Menschen in ihrer letzten Inkarnation einen Fahneneid abgelegt haben. Sie sind heute immer noch daran gebunden. Dasselbe gilt für Personen, die ein Armutsgelübde abgelegt haben. Sie können zum Beispiel arbeiten so viel sie wollen, sie werden es in finanzieller Hinsicht nie zu etwas bringen.

Freilich wissen wir nicht von diesen Schwüren! Und die Ursachen für unsere Probleme sind vielleicht vordergründig ganz andere. Aber die Auflösung von solch uralten Bindungen wie Versprechungen, Verwünschungen, Eiden, Gelübden, Schwüren und Verschwörungen, hilft uns dabei, uns energetisch frei zu machen, damit wir unserem Bauchgefühl und unserer Intuition wieder vertrauen können.

Bei den Flüchen können wir unterscheiden:

1. Flüche, die man selbst ausgesprochen hat und die einen selbst betrafen
2. Flüche, die man selbst gegen andere ausgesprochen hat und die einen somit immer auch selbst trafen
3. Flüche, die andere über einen ausgesprochen haben

Und nun machen wir uns an die Arbeit und lösen einen Fluch:

1. Wir entstören den Arbeitsbereich, räuchern mit Weihrauch oder mit weißem Salbei, bauen mit einem schwarzen Turmalin den Eigenschutz auf und ziehen ein goldenes Sieb zur Reinigung über uns. Wir verbinden uns mit dem Höheren Selbst und der Akasha-Chronik und mit den geistigen Helfern und bitten sie um Unterstützung bei unserer Arbeit.
2. Nachdem wir die zu behandelnde Person durch Meditation in einen Zustand der Entspannung gebracht haben, fragen wir zunächst das Höhere Selbst, wo der Fluch herkommt, ob er von der zu behandelnden Person selbst oder von außen stammt. Sollte Letzteres der Fall

sein, muss mit der Energie, die den Fluch gesendet hat, verhandelt werden, bis der Fluch verziehen wird.

3. Wir gehen nun mental durch den Körper des Patienten und schauen, ob wir irgendwo einen schwarzen Fleck sehen. Wir beginnen damit oben am Kopf und wandern Stück für Stück nach unten bis zu den Zehen. Sehen wir einen Fleck, kann dieser sich bereits durch das Erkennen auflösen. Geschieht nichts, so wird die Person in einer Fantasiereise zu einem Haus geführt. Wir erklären ihr, dass in einem der Räume ein Fluch wohnt, und lassen sie hineingehen.

4. Erforschen wir nun die Ursache des Fluchs. Woher kommt er? Wer hat ihn gesendet? Danach gilt es, mit der Energie vom Absender des Fluches eine Lösung auszuhandeln. Wir verhandeln so lange, bis der Absender bereit ist, den Fluch abzugeben oder ihn ins Licht zu schicken.

5. Geschieht das nicht, können wir die Energie des Absenders stellvertretend aufstellen und eine weitere Person in diese Energie miteinbeziehen, um zu erfahren, warum keine Einigung erzielt werden konnte. So haben wir die Möglichkeit, mit beiden Energien zu verhandeln. Es gilt zu definieren, ob der Fluch tatsächlich von außen gesendet wurde oder ob die zu behandelnde Person ihn selbst ausgesprochen hat. Hierzu muss beim Höheren Selbst nachgefragt werden.

6. Haben wir die Antwort, wird mit dem tatsächlichen Absender des Fluches so lange verhandelt, bis dieser versöhnt ist. Danach verlassen wir das Haus und verschließen die Tür.

7. Die zu behandelnde Person geht nun mental in den goldenen Raum, in ihr persönliches Reich, und steigt bewusst aus dem Fluch aus. Sie dreht sich um und betrachtet genau die Restenergie des Fluches, die sie, auf unsere Bitte hin, als Symbol beschreiben soll.

8. Wir antworten: »Mache dir bewusst, dass das nicht du bist, sondern lediglich eine Kreation von dir. Stelle dir vor, dass dieses Symbol verschwindet und sich auflöst. Ziehe einfach den Stecker, und die Energie löst sich auf.«

Danach führen wir die zu behandelnde Person aus der Meditation, bedanken uns bei den geistigen Helfern, den Meistern und den Schutzengeln für ihre Hilfe. Und wir bedanken uns beim Höheren Selbst und trennen uns von ihm.

Alle leichten Flüche, die du bewusst oder unbewusst einmal ausgesprochen hast, kannst du zurücknehmen!

Flüche auflösen

Gehe bewusst in einen geschützten Raum. Dieser kann eine Kirche sein, eine Kapelle, ein Meditationsraum oder einfach ein Platz, der dir als Kraftplatz dient, . Verweile dort, und konzentriere dich auf dein Vorhaben. Nun bitte die Geistige Welt um Unterstützung und Löschung aller von dir ausgesprochenen Flüche, Verwünschungen, Schwüre, Eide, Gelübde. Alles, was aufgelöst werden darf, wird sich auflösen.

Besetzungen

Bei Besetzungen handelt es sich im Speziellen um Energien, die sich an uns anhaften, sobald wir mit ihnen in Resonanz gehen. Es gilt auch hier das Resonanzgesetz: Gleiches zieht Gleiches an. Die Auswirkungen von Besetzungen bzw. Fremdenergien sind sehr unterschiedlich, weil sie oft mit den Ursachen dafür verbunden sind, weshalb ein Wesen sich nicht von der Erde lösen kann, und mit seinen individuellen Erfahrungen und Leiden, die es dann auf den Besetzten überträgt. So zieht zum Beispiel Drogenkonsum astrale Wesen an, die sich in der mittleren Welt bewegen und dann den Menschen zur Negativität verleiten. Menschen mit Alkohol- und sonstigen Drogenproblemen sind oft in ihrem Verhalten und Sprechen aggressiv, ungeduldig, zynisch, verurteilend, nörgelnd, ängstlich und eben süchtig. Freilich gibt es auch eine Art Eigenbesetzung, deren Ursache wir meist in früheren Inkarnationen finden, deren Auswirkungen wir aber in diesem Leben zu spüren bekommen: nicht geweinte Tränen, nicht gelebte Gefühle. Diese zeigen sich in diffusen Ängsten, Stimmungsschwankungen und einem häufig unkontrollierten Verhalten.

Ein wichtiger Hinweis auf eine Besetzung können plötzliche kurz- oder langfristige Persönlichkeitsveränderungen bei jemandem sein, beispielsweise eine nie zuvor erfahrene Unzufriedenheit, ein Wutanfall, wie er bislang nie bei ihm vorgekommen ist, oder auch Versagensängste, die bis dato undenkbar schienen. Tauchen diese kurz nach besonderen Vorkommnissen, wie zum Beispiel nach einer Operation, einem Unfall, oder einem anderen Lebenseinschnitt, auf, können wir in den meisten Fällen von einer Besetzung ausgehen.

Was auch immer im Zustand der Fremdbesetzung geschieht, frei von jeglicher Verantwortung für unser Handeln sind wir nicht. Wir haben uns durch unsere Haltung, unser Gefühl und unsere Einstellung zu einem lohnenden Objekt gemacht: Gleiches zieht schließlich Gleiches an.

Möchte ein Astralwesen weiterhin seine Alkoholsucht befriedigen, benutzt es den Besetzten als Mittel zum Zweck und stachelt ihn zu immer größerem Alkoholkonsum an. Dies ist häufig der Grund dafür, dass es für die betreffende Person so schwer ist, von dieser Sucht loszukommen. Das Astralwesen ist hartnäckig, so leicht will es nicht auf seine Befriedigung verzichten.

Ein eifersüchtiger Partner, der stirbt, kann auch nach seinem Tode noch eifersüchtig sein. Er kann den noch lebenden Partner besetzen und alle Beziehungen des Partners scheitern lassen.

Ist der Verstorbene bei einem Eisenbahnunglück ums Leben gekommen und im Schrecken dieses plötzlichen Todes steckengeblieben, sucht er sich eine Person, die in Resonanz mit ihm geht. So kann es passieren, dass die besetzte Person plötzlich Angst vor dem Zugfahren entwickelt.

Bei den Sitzungen führe ich die um Hilfe suchende Person nach dem Löschen der Blockaden in ihre Mitte. Dort haben die parasitären Astralwesen keine Wirkung auf den Menschen. Das Lösen von Besetzungen erfolgt in etwa der gleichen Weise wie das Lösen von Flüchen. Besetzungen von innen, also Eigenbesetzungen, sollte man in gutes Licht umwandeln. Besetzungen von außen sollten dahin gehen, wo sie hingehören: ins Licht.

Wir können uns aber auch im Voraus selbst schützen. Empfinden wir Aggression und Unzufriedenheit, liegt ein Mangel an Licht und Liebe vor. Den gilt es aufzuheben: Der Schöpfung danken, beten, in die Natur gehen hilft uns, wieder bewusst zu werden und Fremdsteuerung abzustreifen. Als guter Schutzstein hat sich ein schwarzer Turmalin bewährt, den man um den Hals tragen sollte.

Implantate lösen oder »Loslassen – wie geht das?«

W enn wir alle Illusionen beseitigen, beherrschen wir das Manifestieren unserer eigenen Realität. Dazu werden sämtliche Implantate, die Angst auslösen, entfernt. Diese Implantate wurden uns vom Höheren Selbst eingepflanzt, bevor wir auf die Erde kamen, damit wir die dritte Dimension intensiver erleben, denn in ihr herrscht die Angst vor, in ihr existieren alle unsere Emotionen. Diese Implantate dienen auch unserem Schutz dagegen, denn Wesen aus höheren Dimensionen wissen nicht, was Angst ist; vermutlich deshalb, weil der Tod ihnen nichts bedeutet, da sie sich an die Gegenwart und an die Zukunft ebenso erinnern wie an die Vergangenheit. Entfernen wir unsere Implantate, erkennen wir, dass die Überwindung von Angst unsere Neigung zur Gewalt beseitigt und dass uns unsere Fähigkeit, reine Gefühle zu manifestieren, schützt.

Es gibt inaktive und aktive Implantate. Über das Allwissen, die Akasha-Chronik, kann man erfahren, ob ein Implantat noch aktiv ist. Typische Anzeichen für solch ein Implantat sind Blockaden und psychische Störungen.

Inaktive Implantate kann man problemlos entfernen, indem man sie ins Licht gibt und anschließend die Stelle im Energiekörper mit einer Lichtkugel heilt. Diese Implantate wurden in früheren Inkarnationen gesetzt, aber nicht entfernt.

Ein aktives Implantat kann man nicht ohne Weiteres entfernen. Es muss zuvor deaktiviert werden. Dazu sollte auf alle Fälle mit der Geistigen Welt besprochen werden, weshalb es eingesetzt wurde und von wem. Erst wenn die Geistige Welt ihre Zustimmung erteilt, kann es deaktiviert und entfernt werden. Die Entfernung von Implantaten ist ein geistiger Vorgang, der nur von gut ausgebildeten Heilern ausgeführt werden darf.

Elementale

Elementale haben ihr eigenes Leben, sie existieren unabhängig von ihrem Erzeuger. Elementale sind Gedanken. Jeder Gedanke und jedes Gefühl, das du ausstrahlst, ist ein Elemental und besitzt ein eigenes Leben.

Es gibt zwei Arten von Elementalen: Elementale, die du im Unterbewusstsein erzeugst, nennen wir Elementale von Wunschgedanken. Geht eine Person in erster Linie mit Gefühlen in Resonanz, dann steht sie unter dem Einfluss von Emotionen und Wünschen. Weil das Denken dabei keine Rolle spielt, entstehen Elementale von *Wunschgedanken*. Elementale, die eine Person bewusst erzeugt, sind Elementale von *Gedankenwünschen*.

Durch Gedanken und Gefühle senden wir Schwingungen aus, die wiederum den Typ und die Qualität des Elementals bestimmen.

Wer hauptsächlich unter dem Einfluss des Denkens steht, erzeugt Elementale, die wesentlich stärker sind und auch eine längere Lebensdauer haben als diejenigen, die erzeugt, wer von Gefühlen dominiert wird. Diese Elementale neigen dazu, die Aufgaben, für die sie erzeugt wurden, viel rascher zu erfüllen.

Es ist ein Naturgesetz, dass Elementale, die geschaffen und ausgesendet wurden, eines Tages ins Unterbewusstsein ihres Erzeugers zurückkehren. Sind diese Elementale wieder zurückgekehrt, können sich unerwünschte Gewohnheiten manifestieren wie suchtartiges Trinken, Rauchen oder Spielen. Diese Verhaltensweisen entstehen also nicht durch Fremdbesetzungen, sondern allein durch die Macht der eigenen Gedanken.

QET – Quanten-Energie-Transformation oder »Bewusstsein erschafft Realität«

Wir erschaffen unsere eigene Realität mit unserem Bewusstsein. Durch das bewusste Betrachten eines anderen Menschen bringen wir kleinste Teile seiner Materie in Schwingung und damit in Resonanz. Das heißt, der Betrachter lenkt das Geschehen und nimmt somit Einfluss auf die Materie – er formt sein Umfeld. Mit der QET besitzen wir ein effektives Werkzeug, mit dem wir direkt und unmittelbar unser Leben verändern, transformieren und neu gestalten können.

In meinem QET-Seminar erfährst du eine deutliche Erweiterung deiner Möglichkeiten und gewinnst ein tieferes Verständnis dieser Realität. Aus diesem heraus kannst du bleibende Veränderungen in der Realität erzielen.

Bewusstsein kennt keine Grenzen, alles ist mit allem verbunden. Diese Erkenntnis nutzen wir auf vielfältige Weise. Wenn du die Art, wie du die Dinge betrachtest, veränderst, veränderst du bereits die Dinge selbst. Durch unbewusste Betrachtung wird keine Veränderung bewirkt. Aber wenn du die Dinge mit den Augen des Herzens siehst, erkennst du die Wahrheit und löst die Illusion auf. Wenn du deine innere Realität veränderst, gleicht sich die äußere Realität dieser an.

Herzpunktenergie

Wir kommunizieren mit dem Universum mittels der Herzsprache, der Sprache der Gefühle. Unser Herz ist der maßgebende Generator für elektromagnetische Energie unseres Körpers. Die Nervenverflechtungen im Bereich des menschlichen Herzens senden Signale ans Gehirn und ebenso ins Universum. Auch unser Gehirn sendet elektromagnetische Impulse ins Universum, aber das elektromagnetische Feld unseres Herzens ist fünftausend Mal stärker als das des Gehirns.

Fühlt man Wertschätzung, Dankbarkeit und Frieden im Herzen, werden enorm starke Signale erzeugt, die auf Gehirn und Umwelt überaus günstig einwirken.

Verwendung der Herzenergie in QET – die Zwei-Punkt-Methode

Sich der Ebene von Licht und Information bewusst zu sein, bedeutet, sich mit dieser Ebene zu verbinden, um auf ihr agieren zu können. Wenn du dir gleichzeitig zweier Punkte bewusst bist, erschaffst du eine Verbindung und eine Öffnung für Neues. Die Zwei-Punkt-Methode ist eine Möglichkeit, sich mit dem reinen Bewusstsein zu verbinden

Deine Absicht ist das, was einen Impuls aus der reinen Bewusstseinsebene auslöst, der die Veränderung in unserer Realität verursacht.

Ein offener Fokus deiner Augen ermöglicht es, auf der Ebene von Licht und Information zu bleiben und nicht in unsere dreidimensionale Welt zu rutschen, wo du den Gesetzen dieser Welt unterliegst. Während der Anwendung ist es wichtig, den Blick zu defokussieren, die Augen offen zu halten und ruhig auszuatmen. Dann musst du die bereits erfüllte Intention im Herzen fühlen: »Es ist bereits getan.«

Zwei-Punkt-Methode

Werde dir darüber bewusst, dass dieser Raum nur in deinem Bewusstsein existiert und alles aus Licht und Information besteht … lege eine Hand auf ein Kraftzentrum des Körpers deines Patienten, beispielsweise die Schulter oder die Hüfte. Mit der zweiten Hand findest du intuitiv irgendwo am Körper den Lösungspunkt. Er kann auch in der Aura bzw. im Energiefeld des Körpers liegen.

Du findest den zweiten Punkt, indem du mit deinem Bewusstsein gleichzeitig bei Punkt 1 und bei deiner »suchenden« Hand bist. Wenn du jetzt in der Hand beim ersten oder zweiten Punkt eine Intensivierung spürst, ein Ziehen, einen Druck, Wärme oder ein leichtes Kribbeln, hast du den Lösungspunkt gefunden. Halte dein Bewusstsein bei beiden Punkten, und atme langsam aus, während du die Augen offenhältst und in die Ferne schaust.

Gehe mit deinem Bewusstsein in dein Herz, und fühle die Dankbarkeit dafür, dass das Thema deines Patienten bereits aufgelöst ist. Lasse dich tiefer in dein Herz fallen, und fühle die Dankbarkeit und Wertschätzung dafür, dass die Heilung bereits geschehen ist. Verweile, bis sich eine Art Welle aufbaut.

Mache dir folgende Sätze zu eigen, und setze sie um:

Bewusstsein erschafft Realität.

Gleichzeitigkeit verbindet.

Die Außenwelt ist nur ein Spiegel.

Alles im Universum ist mit allem verbunden.

Alles im Universum ist Schwingung.

Die Zwei-Finger-Methode

Wenn du eine Unpässlichkeit hast, lege einen Finger, egal welchen, auf die Stelle, an der sich dein Schmerz, deine Unpässlichkeit befindet, wo also deine Energie blockiert ist.

Nun nimm einen Finger der anderen Hand, und lasse ihn über deinen Körper gleiten. Er wird ganz automatisch den entsprechenden Punkt an deinem Körper finden, an dem dieselbe Energie nicht blockiert ist.

Nun übe mit beiden Fingern einen leichten Druck aus, damit über deine Finger ein Informationsausgleich stattfinden kann. Praktiziere dies so lange, bis dein Gefühl dir signalisiert: Es ist genug.

Probiere es einfach aus, und sei gespannt!

Automatisches Schreiben

Wozu dient automatisches Schreiben? Wir holen mit dieser Methode ein Wissen aus unserem Unterbewusstsein hervor, auf das wir ansonsten nicht zurückgreifen können. Das funktioniert folgendermaßen: Wir atmen uns in das vierzehnte Chakra hoch. Dort bekommen wir aus der Geistigen Welt die Information, in welches Chakra wir zurückatmen müssen. Sind wir an der richtigen Stelle angelangt, öffnet sich in unserem Unterbewusstsein ein Kanal, der ein gewisses Potenzial an Wissen freigibt; Wissen, das in unserem Unterbewusstsein verschüttet liegt.

Und wie funktioniert dieses Hochatmen? Wir stellen uns vor, dass wir aus der Mutter Erde eine goldene Kugel in unser erstes Chakra saugen. Dann atmen wir aus. Beim nächsten Einatmen ziehen wir die Kugel weiter bis ins zweite Chakra. Danach atmen wir wieder aus. Beim nächsten Einatmen atmen wir die goldene Kugel in unser drittes Chakra und so weiter, bis wir die Kugel hoch bis in unser vierzehntes, geistiges Chakra gezogen haben. Bekommen wir dort die Antwort, dass wir im siebten Chakra das Wissen finden, das wir durch das automatische Schreiben hervorholen können, atmen wir die goldene Kugel jetzt von Chakra zu Chakra zurück dorthin.

Sind wir im siebten Chakra angelangt, beginnen wir zu schreiben. Den Anfang bildet ein Satz, den wir uns selbst vorgeben; ein Satz aus einem Buch vielleicht oder ein Satz, den uns irgendwer vorschlägt. Damit sind wir im Fluss, und das eigentliche automatische Schreiben, das Schreiben aus dem Unterbewusstsein, setzt ein.

Wir schreiben einfach Satz für Satz. Und vermutlich handelt es sich um Dinge, die wir im Augenblick weder verstehen noch einordnen können. Das ist kein Wunder, denn schließlich kommen diese Informationen aus den tiefsten Tiefen unseres Unterbewusstseins. Vielleicht erkennen wir die Bedeutung dieser Sätze erst Monate danach, durch einen Traum etwa, den wir damit deuten können, oder durch eine Aufarbeitung.

Das automatische Schreiben ist ein weiterer Schritt in deiner spirituellen Entwicklung, denn allein durch die dabei angewendete Atemtechnik, ohne die dieses automatische Schreiben nicht funktioniert, kommst du in den Theta-Zustand. In unserem Alltag befinden wir uns gewöhnlich im Beta-Zustand, in dem wir 24 bis 37 Gehirnwellen pro Sekunde produzieren. Im Theta-Zustand, in den du dich durch diese Atemtechnik hineinbegibst, hast du nur noch 4 bis 7 Gehirnwellen pro Sekunde. Deshalb öffnet sich in diesem Bewusstseinszustand eine Tür zu Informationen, zu denen du mittels automatischem Schreiben gelangst. Diese Informationen können unglaublich wichtig sein.

Schreibe los!

Lege dir Schreibmaterial, also einen Stift und einen Block bereit, und lege eine CD mit entspannender Meditationsmusik ein. Setze dich entspannt an einen Tisch.

Beginne jetzt einfach, bewusst ein- und auszuatmen, und lasse deinen Gedanken freien Lauf. Notiere alle Gedanken, die du hast, ganz gleich, wie banal und unwesentlich sie dir im Augenblick auch erscheinen mögen. Werte nicht! Schreibe einfach!

Heilungsgeschichten aus meiner Praxis

Die Vögel verlassen die Erde mit ihren Flügeln.
Auch die Menschen können die Erde verlassen,
zwar nicht mit Flügeln, aber mit ihrem Geist.

Hehaka Sapa von den Oglala Lakota

Heilungsgeschichten

Die Geschichte des Bettnässers

Vor einigen Monaten rief mich die Mutter des kleinen Markus an und erzählte mir ihre Geschichte. Ihr Sohn Markus ist acht Jahre alt. Mit vier Jahren, so berichtete sie, begann bei ihm das Bettnässen. Um des Problems Herr zu werden, suchte sie einen Kinderarzt nach dem anderen auf. Keiner konnte helfen. Sie versuchte es bei mehreren Psychologen, auch sie bekamen das Problem nicht in den Griff. Daraufhin fasste sie den Entschluss, mich anzurufen.

»Kein Problem«, sagte ich zu ihr. »Schick mir deinen Mann her.«

»Nein, nein, nicht mein Mann ist Bettnässer, sondern mein Sohn Markus.«

Ich blieb dabei: »Schick mir deinen Mann vorbei!«

Kleinlaut und wohl auch enttäuscht antwortete sie mir: »Mein Mann ist selbstständig, er hat eine große Firma und wird dich mit Sicherheit nicht besuchen.«

Ich bat sie darum, mir die Telefonnummer ihres Mannes zu geben, was ich sonst nicht mache. Aber um der kleinen Seele zu helfen, habe ich mich durch eine Eingebung von oben dazu verleiten lassen. Kurz darauf rief ich den Vater an. Er beschimpfte mich und fragte, wie ich mir das vorstellte. Er habe eine große Firma und sei nicht bereit, meinetwegen extra 160 km zu fahren. Ich klärte ihn auf, dass er nicht meinetwegen kommen müsse, sondern wegen seines Sohnes. Und wenn er etwas für seinen Sohn tun wolle, solle er gefälligst seinen Arsch ins Auto setzen und sich zu mir bewegen. Damit war unser Gespräch beendet, und ich hatte niemals damit gerechnet, dass er irgendwann bei mir erscheinen würde.

Die Zeit verging. Es schien, als müsste ich Markus und sein Bettnässen vergessen. War meine Eingebung, die ich aus der Geistigen Welt erhalten hatte, falsch? Hatte ich mich geirrt? Oder hatte sich gar die Geistige Welt getäuscht?

Einige Tage später, als es an einem Nachmittag, kurz vor halb vier Uhr, an meiner Haustür schellte, war ich überrascht, denn ich hatte an diesem Tag keine Termine, erwartete keinen Besuch. Ich öffnete.

Vor der Tür stand der Vater des kleinen Markus.

»Ich will mir doch einmal den Mann anschauen, der mir sagt, ich soll meinen Arsch ins Auto setzen und zu ihm kommen.«

Überraschenderweise lächelte er dabei. Ich gab ihm die Hand. Meiner Bitte, mir in meinen Meditationsraum zu folgen, kam er anstandslos nach. Das Eis schien gebrochen.

Anschließend führte ich ein längeres Gespräch mit ihm. Dabei erklärte ich ihm, was die Missachtung der Seele bewirken kann: Durch Nichtachten des Namens, durch Nichtaussprechen des Namens wird der Seele signalisiert, dass man ihr weder Achtung noch Beachtung schenkt. Denn man muss wissen, dass jeder Laut eine gewisse Schwingung hat, und Laute aneinandergereiht ergeben einen Namen. Wird dieser Name gesprochen, erzeugt das wiederum eine Resonanz für das Gleichgewicht der Seele. Den Namen hat sich die Seele selbst ausgesucht. Und wenn man ihren Namen nicht ausspricht, entsteht in ihrem Unterbewusstsein ein Ungleichgewicht, das sie aus der Bahn wirft. Um wie viel mehr wird dann eine Seele verletzt, der überhaupt keine Beachtung zuteil wird, deren Anspruch, wichtig und wertvoll zu sein, in so unglaublicher Weise ignoriert wird, wenn bereits das Nichtaussprechen des Namens für ein Ungleichgewicht sorgt. Dadurch entsteht tagsüber ein seelischer Druck, der sich dann in der Nacht in Form von Bettnässen löst.

Das, so erklärte ich ihm, war der wahre, seelische Grund für das Bettnässen seines Sohnes.

Ich bat ihn darum, in den folgenden vier Wochen dieser Seele hundertprozentige Aufmerksamkeit zukommen zu lassen. Das hieß im Klartext: »Wenn du gerade mit einem Geschäftspartner oder mit sonst wem telefonierst und dein Sohn kommt rein und sagt: ›Papa, ich hab mal ’ne Frage‹, dann sag deinem Gesprächspartner: ›Mein Sohn Markus ist das, ich rufe Sie zurück, sobald ich mit meinem Sohn gesprochen habe.‹ Dann leg auf, und kümmere dich um deinen Sohn. Wenn du das konsequent tust und jedes Mal, wenn dein Sohn reinkommt und sagt: ›Papa, ich hab mal 'ne Frage‹, antwortest: ›Markus, was kann ich für dich tun?‹, dann wird sich dieses Bettnässen in vier bis sechs Wochen erledigen. Freilich sollte auch deine Frau in der gleichen Weise verfahren. Wenn deine Frau beispielsweise kocht und der kleine Markus kommt rein: ›Mama, ich hab mal 'ne Frage‹, dann sollte sie unbedingt ihre Arbeit unterbrechen und sich direkt mit eurem Sohn unterhalten.«

Nach etwa sechs Wochen rief mich der Vater an und teilte mir freudig mit: »Die Sache mit dem Bettnässen hat sich erledigt. Vielen Dank!«

Zahnschmerzen

Eines Tages kam eine Frau zu mir. Sie war Mitte fünfzig und klagte darüber, dass sie seit über 34 Jahren ständig Probleme mit ihrem Kiefer, ihrem Zahnfleisch und ihren Zähnen habe. Sie berichtete sehr ausführlich über diese Probleme und schilderte detailreich die Art und Schwere der Schmerzen, die sie über einen so langen Zeitraum hatte ertragen müssen. Sie redete und redete, und immer wenn sie über ihren Mann sprach, verkleinerte sich ihre Aura und brach in sich zusammen, bis ich die Frau schließlich unterbrach und aufforderte: »Erzähle mir etwas über deinen Mann.«

»Was hat mein Mann mit meinen Zahnproblemen zu schaffen?«, entgegnete sie entrüstet.

»Bitte erzähle mir von deinem Mann«, bat ich.

»Wieso von meinem Mann? Mir tut der Kiefer weh, und ich habe Zahnschmerzen und nicht mein Mann. Bei dem ist alles in Ordnung.«

»Und was ist mit eurer Ehe nicht in Ordnung?«

»Bei uns ist alles in Ordnung, wir sind so weit glücklich verheiratet. Wir haben einen Sohn und ein großes Hotel. Es geht uns also finanziell gut. Bis auf die Zahn- und Kieferschmerzen ist auch bei mir so weit alles in Ordnung.«

Daraufhin bat ich sie wieder: »Bitte sag mir, was mit dir und deinem Mann los ist.«

Ich ließ nicht locker!

Und sie antwortete wieder ganz entrüstet: »Zwischen uns ist alles in Ordnung, da gibt es nichts zu erzählen.«

Doch jedes Mal, wenn ich sie auf ihren Mann ansprach, sah ich, wie ihre Aura zusammenfiel. Da wusste ich, dass ihr Zahn- und Kieferproblem etwas mit ihrem Mann zu tun hatte.

Ich ließ nicht locker!

Ich fragte erneut, immer und immer wieder: »Wie ist das mit dir und deinem Mann?«

Plötzlich brach sie in Tränen aus. Ich ließ ihr Zeit, drängte sie nicht. Sie sollte ganz von selbst erzählen. Sie schluchzte und schnäuzte sich. Aber mit einem Mal fasste sie sich ein Herz und begann, mir ihre Geschichte zu erzählen:

»Ich bin seit 35 Jahren verheiratet. Eigentlich wollte ich gar nicht heiraten, aber ich war schwanger, erwartete mein erstes Kind. Nur meiner Geschwister wegen und wegen der Eltern, die mich dazu drängten, habe ich es getan. Und wegen der Nachbarn im Dorf. Es war doch so üblich damals und vor allem auf dem Dorf, dass man, wenn man mit jemandem richtig zusammen war, also eine Beziehung hatte, wie man heute dazu sagt, dass man auch heiratete, und schon zweimal, wenn ein Kind unterwegs war. Allerdings verschwieg ich ihnen, dass mein jetziger Mann sehr viel Alkohol trank und immer wieder mit anderen Frauen intensive Kontakte hatte.

Sie drängten mich immer wieder: ›Du liebst ihn doch, sonst hättest du dich ihm doch nicht hingegeben. Oder ist er dir nicht gut genug? Willst du warten, bis ein Märchenprinz kommt und dich auf sein Schloss mitnimmt? Willst du erst alle ausprobieren, bis dir einer genehm ist?‹

So haben sie auf mich eingeredet, mit immer gemeineren Sprüchen. Schließlich habe ich klein beigegeben und in die Heirat eingewilligt. Die schwache Stunde, in der er mich 'rumgekriegt hat, habe ich mit dieser Ehe bezahlt. Nicht, dass mir mein Mann zuwider gewesen wäre, das nicht. Er war ja ganz nett, aber ich liebte ihn nun einmal nicht. Ein Jahr, sagte ich mir, dann würde ich mich von ihm scheiden lassen und wegziehen. Ein Jahr, höchstens ein Jahr, vielleicht schon viel früher, vielleicht schon morgen oder übermorgen. Aber höchstens ein Jahr und gewiss keinen Tag länger. Aber dann war das Jahr 'rum, und ich habe mich doch nicht scheiden lassen. Eine Scheidung, das war ja in den Augen der Eltern, Verwandten und Nachbarn noch verwerflicher. ›Was Gott vereint hat, darf der Mensch nicht trennen.‹ Ich hätte mich im Dorf nicht mehr sehen lassen dürfen. Die hätten mich alle mit Blicken gesteinigt. Es kam so weit, dass ich mir selbst schlecht vorkam.

Bei der Hochzeit bereits die Scheidung im Auge haben! Wer macht denn so was? Nur ein schlechter Mensch doch. Also habe ich mich arrangiert. Und nie habe ich mit jemanden darüber gesprochen. Du bist der Erste, dem ich mich anvertraue!«

Sie wurde still. Allein ihre Geschichte, die sie wie ein lang gehütetes Geheimnis gestanden hatte, stand im Raum. Auch ich blieb eine Weile still. Die Stille war für einen Moment unser Bindeglied, eine Kommunikation, die ohne Worte auskam. Wenig später genügte ein einziger Satz, um ihre Blockaden zu lösen: »Dein Geheimnis, dass du dich scheiden lassen wolltest, hast du 34 Jahre lang mit dir herumgetragen – genauso wie deine Zahnschmerzen.«

Später erfuhr ich, dass sie bereits am nächsten Tag ihren Anwalt aufgesucht, die Scheidung in die Wege geleitet und die Scheidungsurkunde unterschrieben hatte. Unmittelbar danach war sie in den Skiurlaub gefahren. Am ersten Tag hatte sie einen folgenschweren Unfall erlitten. Ein anderer Skifahrer hatte sie förmlich über den Haufen gefahren. Sie war per Hubschrauber ins Krankenhaus geflogen worden. Dort war ein Beckenbruch diagnostiziert worden, der sie die folgenden vier Wochen außer Gefecht gesetzt hatte. Keiner hatte gewusst, wo sie war.

In Österreich ist es Gesetz, dass man die Scheidung innerhalb von vier Wochen widerrufen kann. Bei unserem Gespräch einige Wochen zuvor hatte ich die Geistige Welt kontaktiert, die mich hatte wissen lassen, dass alles geregelt werde, um dieser Frau zu helfen. Die Geistige Welt sorgte dafür, dass diese Seele vier Wochen lang aus dem Verkehr gezogen wurde, damit ihre Verwandten sie nicht beeinflussen konnten und sie keinen Rückzieher machen konnte. Nach diesen vier Wochen war das Scheidungsurteil rechtskräftig und konnte nicht mehr rückgängig gemacht werden. Als diese Frist abgelaufen war, konnte sie, zur Verwunderung der Ärzte, das Krankenhaus wieder verlassen, denn ihr Beckenbruch war unglaublich schnell, ja, auf schier wundersame Weise, verheilt.

Mit ihrer Scheidung war sie auch ihre Zahnschmerzen und ihr Kieferproblem losgeworden, und das bis zum heutigen Tage. Inzwischen sind drei Jahre vergangen.

Angst vor Spinnen

Am 17. März 2010 hielt ich abends einen Vortrag in einer kleinen Stadt. Es waren etwa 170 Leute anwesend, und wie immer waren die Reaktionen auf meinen Vortrag sehr spannend und facettenreich. Unter anderem meldete sich eine Besucherin, ihr Alter schätzte ich auf etwa 25 Jahre, die Spinnenangst hatte.

»Allein wenn ich an eine Spinne denke, beginnt mein ganzer Körper zu beben. Ich spüre, wie sie an meinem Arm hochkrabbelt, und ich könnte auf der Stelle davonlaufen«, sagte sie.

Ich dachte mir: »Na ja, Spinnenangst – eine weit verbreitete Phobie, kein Problem für mich. Ich kann dieser Frau die Angst vor Spinnen nehmen.«

Ich entschloss mich, dies vor dem gesamten Publikum zu demonstrieren.

Anton, mein Organisator und Assistent, lächelte mir zu und rannte plötzlich los. »Warte zwei Minuten«, sagte er dabei.

»Was hat er vor?«, fragte ich mich.

Nach wirklich nur zwei Minuten kam Anton zurück mit einem Einmachglas in der Hand, in dem eine fette Spinne hockte.

»Anton, du bist ein Idiot!«, fluchte ich innerlich. »Wenn das hier jetzt in die Hose geht und ich diese Ängste nicht auflösen kann, dann blamierst du mich vor den ganzen Leuten. Ich brauche doch kein lebendes Objekt für meine schamanische Arbeit.«

Hätte ich mit diesen Gedanken im Kopf versucht, die Phobie zu lösen, wäre es garantiert schiefgegangen. Deshalb habe ich mir selbst ganz schnell in den Arsch getreten und zu mir gesagt: »Reinhard, wenn du nicht an dich glaubst, funktioniert es nicht. Also glaub an dich, du kannst es!«

Meine schamanische Arbeit begann: Ich löste ihre Spinnenphobie, die aus einer früheren Inkarnation herrührte, auf. Und siehe da, die junge Frau konnte die Spinne danach sogar in die Hand nehmen. Aber auch ich hatte eine wichtige Erkenntnis gewonnen: Glaube ganz fest an deine Sache, dann funktioniert sie auch. Und ich war Anton, meinem Organisator, dankbar.

Alles geschieht durch die Macht der Gedanken!

»Keine Ahnung«

Neulich kam ein Ehepaar zu mir. Es hatte seinen neunjährigen Sohn dabei. Der Vater nahm mich beiseite und klärte mich darüber auf, dass mit dem Sohn etwas nicht stimme.

»Er verweigert sich uns und allen, sagt immer nur ›Keine Ahnung‹, wenn man ihn etwas fragt. Wir wissen uns keinen Rat mehr.«

Ich ging zu dem Jungen hin, der mit seiner Mutter nebenan gewartet hatte.

»Wie heißt du?«, fragte ich.

»Keine Ahnung.«

Und wie alt bist du?«

»Keine Ahnung.«

»Woher kommst du?«

»Keine Ahnung.«

Die Mutter erzählte mir, sichtlich verzweifelt, sie sei bereits bei der Kinderärztin, beim Psychiater, beim Psychologen, ja, schon überall gewesen, aber ihr Sohn sage immer nur, und das seit drei Jahren: »Keine Ahnung.«

Auch in der Schule bringe er die Lehrer zur Weißglut. Denn was sie ihn auch fragen, seine Antwort sei immer dieselbe: »Keine Ahnung.«

Ich bat den Jungen, er möge sich neben mich setzen, und stieß ihn, als er meiner Bitte nachkam, so heftig in die Seite, dass er vom Stuhl fiel. Dann sagte ich zu ihm: »Du, eins musst du dir merken. Wir beide sind zwei alte Seelen. Und du kannst mich nicht verarschen. Erinnere dich! Du hast dir eine Seelenaufgabe gestellt, und die hast du gefälligst anzunehmen. Und zu dieser Aufgabe gehört, dass du hier auf der Erde inkarniert wurdest, um etwas zu lernen. Und jetzt antworte mir gefälligst.«

Er setzte sich wieder neben mich auf den Stuhl. Ich hob einen Finger hoch und fragte: »Was ist das?«

Daraufhin sagte er: »Ein Finger.«

Ich nahm einen zweiten Finger dazu. »Und das?«

Er antwortete: »Zwei Finger.«

Und so ging mein Fragespiel weiter. »Was ist die Hauptstadt von Italien?«

»Rom«, antwortete er.

Ich fragte ihn: »Wo steht der Eiffelturm?«, »In welcher Stadt ist die Golden Gate?«

Er konnte mir alles beantworten, und er antwortete! Dieses kleine Lebewesen war ein hochintelligentes Geistwesen. Von dem Augenblick an, in dem ich ihn an seine Aufgabe erinnert und ihn in die Verantwortung genommen hatte, stellte er sich den Aufgaben dieser Inkarnation.

Er hatte sich, in jeder Hinsicht, unterfordert gefühlt, weil er unter der Missachtung seiner Seele zu leiden hatte. Man hatte dieser Seele zu wenig Aufmerksamkeit geschenkt. Der Junge war nicht bereit gewesen, Schritt für Schritt seinen Seelenauftrag zu erfüllen. Für mich hatte ich erkannt: Auch alten Seelen muss man gelegentlich auf die Sprünge helfen.

Nach einigen Wochen rief mich die Mutter an und berichtete mir, dass ihr Sohn in der Schule keinerlei Probleme mehr habe und sich erstaunlicherweise überall sofort problemlos integriere.

Die Geschichte des Sohnes, der sich den Kopf wegschoss

Eine Frau um die fünfzig kam zu mir und sagte, sie könne seit über einem Jahr nachts nicht mehr schlafen. Jedes Mal, wenn sie ins Bett gehe und irgendwann einschlafe, wache sie bereits nach zehn Minuten wieder auf, weil sie im Traum ihren Sohn in schwarzer Hose, weißem Hemd und ohne Kopf sehe.

Ihr Sohn, so erfuhr ich, hatte sich vor einem Jahr mit der Schrotflinte den Kopf weggeschossen.

Was war die Ursache, die geistige Ursache gewesen?

Ich schaute nach und erhielt aus der Geistigen Welt folgende Antwort:

Der Sohn dieser Frau war ein hochentwickeltes Wesen, und sie hatte sich, für diese Inkarnation, die heikle Aufgabe gestellt, tiefste seelische Schmerzen zu erfahren. Und welcher Schmerz konnte schwerer zu ertragen sein, als den Verlust eines eigenen Kindes hinzunehmen, das sich zudem noch selbst das Leben nahm. Den Seelenvertrag, den sie mit ihrem Sohn abgeschlossen hatte, beinhaltete also, dass dieser sich, wenn er ein bestimmtes Alter erreicht hätte, den Kopf wegschoss.

Schon in jungen Jahren konnten die Kindergärtnerin und später seine Lehrerin feststellen, dass dieses Kind ein hochbegabtes und spirituelles Kind war. Allein ein hochentwickeltes Wesen aber ist auch imstande, einen solchen Seelenvertrag einzugehen und der Mutter, die sich solch einen schweren Seelenweg vorgenommen hatte, weil sie auch dieses Spektrum menschlichen Lebens und Leides erfahren wollte, einen Dienst dieser Art erweisen.

Durch das Gespräch, das ich mit der Mutter führte, konnte sie bewusst ihren selbst gewählten Seelenweg gehen und ihren Seelenplan aufarbeiten – und diesen unglaublichen Schmerz in Liebe akzeptieren.

Seit der folgenden Nacht und bis zum heutigen Tag – es sind mittlerweile drei Jahre vergangen – schläft sie nachts durch, ist wieder glücklich verheiratet und fühlt sich rundum wohl und geborgen.

Der Zwilling im eigenen Bauch

Heute war ein junger Mann bei mir und erzählte mir folgende Geschichte: »Es war vor vier Jahren, da habe ich einen Arzt aufgesucht, weil aus meinem Bauchnabel Blut 'rauskam. Der Arzt meinte, es sei eine Fistel. Er überwies mich in die Tagesklinik. Die OP würde nicht länger als zwanzig Minuten dauern, versicherte man mir dort. Nach ungefähr anderthalb Stunden bin ich aus der Narkose aufgewacht, und der behandelnde Arzt dort sagte mir, dass das keine Fistel gewesen sei, sondern mein Zwillingsbruder, der noch an meinem Bauchnabel festgesessen habe. Die Haare des Zwillings seien zwischenzeitlich langgewachsen, also könne es keine Fistel gewesen sein. Man klärte mich darüber auf, dass meine Mutter Zwillinge hatte bekommen sollen, der andere Zwilling aber im Bauchnabel des Bruders, also in mir, nach innen gewachsen sei. Ich fragte den Arzt, ob ich diesen Zwilling sehen dürfe. Aber man sagte mir, dass alles weggeschafft worden sei und man mir deshalb auch nichts zeigen könne.«

Man stelle sich die seelische Belastung nach einer solchen Mitteilung vor!

Ich fand die Geschichte äußerst eigenartig und zweifelte. Deswegen schaute ich nach meiner üblichen Vorbereitung in der Geistigen Welt nach und fand dort eine andere Version: »Das mit dem Zwilling ist Blödsinn! Bei der Abnabelung muss dem Geburtshelfer ein Fehler unterlaufen sein, sodass im Bauchraum eine Narbe entstanden ist, welche nun, viele Jahre später, diese Blutung im Bauchnabel verursacht hat. Bei der OP vor vier Jahren muss irgendetwas schiefgelaufen sein, deshalb hat man dir dieses Märchen erzählt. Anders ist das für mich und die Geistige Welt nicht nachvollziehbar.«

Warum hat mir dieser Mann seine Geschichte erzählt?

Er hatte Schuldgefühle. Die Vorstellung, er sei Schuld am Tode des Zwillings und an seiner Stelle könnte der Zwilling leben, traumatisierte ihn ganze vier Jahre lang.

Nach meinem Gespräch und nach meiner Darstellung war er sichtlich erleichtert. Er atmete förmlich auf und war froh darüber, dass dieses Trauma endlich beseitigt war.

Schluckbeschwerden

Heute kam Ines, eine Frau Mitte fünfzig, zu mir, die über Schluckbeschwerden klagte. Außerdem hörte sie auf dem rechten Ohr schlecht. Aber die Sache mit dem Schlucken schien ihr Hauptproblem zu sein.

»Bis ich eine Tasse Tee 'runter habe, brauche ich eine gute Stunde«, berichtete Ines. Sie könne nur in ganz kleinen Schlucken, und die in erheblichen Abständen, trinken.

Ich erkundigte mich nach ihrem Namen und ihrem Geburtsdatum und trat in Verbindung mit der Geistigen Welt.

Es bedurfte nur einiger Fragen an ihre Seele und des Beobachtens der Reaktionen ihrer Aura, bis ich sehen konnte, dass sie eine Blockade in der Tochter-Vater-Beziehung aufgebaut hatte.

»Erzähle mir etwas über deinen Vater«, bat ich.

Da fing sie an zu husten; sie hustete und schluckte, dass sie sich fast erbrach.

Ich begann, auf ihr Energiefeld einzuwirken, damit sie sich beruhigen konnte.

Dann erzählte sie: »Ich bin ein uneheliches Kind. Meinen Vater habe ich nie wirklich kennengelernt, denn als ich vier Jahre alt war, heiratete meine Mutter einen anderen Mann, der nun mein Stiefvater wurde. Da mein Stiefvater immer sehr aggressiv gegen meine Mutter war, bin ich nicht mit ihm ausgekommen. Aber das ist eine andere Geschichte. Es geht ja um meinen Vater, und der stand, als ich schon dreißig war, mit einem Male vor mir. Genauer gesagt, war es so, dass ein Mann, den ich nicht kannte, mich plötzlich mit meinem Vornamen ansprach. In diesem Moment aber fiel es mir wie Schuppen von den Augen: Dieser Mann war mein Vater!

Dummerweise wollte ich in diesem Augenblick nichts mit ihm zu tun haben und ließ ihn stehen, was mir Monate später leidtat. Denn ich spürte wohl, dass ich eine Chance verpasst hatte. Als ich dann versuchte, mit meinem Vater in Kontakt zu kommen, war es zu spät, denn er war verstorben.«

Ines schaute mich fragend an.

Ich erläuterte ihr die Blockade, die sie aufgebaut und ein Leben lang mit sich herumgetragen hatte, und erklärte ihr meine Sichtweise: »Dein Vater hat deine Mutter während der letzten Monate ihrer Schwangerschaft immer wieder geschlagen. Dieses grobe Verhalten deines Vaters war die seelische Ursache für deine Abneigung gegen ihn. Du hattest ja auch Angst vor ihm. Du hast diese Angst und deine Abneigung gegen ihn geschluckt. Denn eigentlich hattest du keinen realen Grund, weder für diese Angst noch für deine Abneigung, schließlich hat dein Vater dir nie etwas getan. Du hättest ihn fragen können, aber diese Hürde wolltest du bis zuletzt nicht überwinden. Und du hättest deine Mutter fragen können. Aber vor ihren Geschichten hast du von jeher deine Ohren verschlossen. Du wolltest über diese Sache nichts hören. Schon gar nicht von deiner Mutter. Dieses nicht ausgesprochene Thema versuchtest du immer und immer wieder wegzuschlucken. Und nun wunderst du dich, dass dir das Schlucken immer schwerer fällt und dir dein Ohr dabei hilft, nichts mehr zu hören?

Aber ich sage dir, dieses Thema wolltest du laut deinem Seelenplan so erleben. Du hast dich jedoch geweigert, diese Geschichte so anzunehmen, wie sie geschehen ist. Überdenke die ganze Situation nochmals, und bedanke dich bei den Seelen, dass du das erleben durftest und dass sie bereit waren, es dir so zu zeigen.

Ines wurde still. Es sah aus, als ob dieser Gedanke nun erst mal in ihr ruhen wollte.

Ich löste ihr die Blockaden und sagte ihr dann: »Um ein klärendes Gespräch mit deiner Mutter, zur Aufarbeitung eurer Geschichte, kommst du aber nicht herum.«

Sie lächelte.

Als Ines mich ein paar Wochen später wieder aufsuchte, waren ihre Schluckbeschwerden so gut wie verschwunden.

»Wunderbar«, sagte ich und nahm sie in die Arme.

»Und ein Hörgerät habe ich mir endgültig aus dem Kopf geschlagen«, sagte sie und lachte dabei herzlich.

Gabrieles Geschichte

Gabriele kam zu mir und erzählte, sie habe panische Angst vor jedem größeren Gewässer. Sie könne auch nicht schwimmen und traue sich nicht einmal, an einem Flussufer spazieren zu gehen. Bei heftigen Regenfällen beginne sie regelrecht zu zittern. Sie berichtete, dass sie deshalb bereits eine Therapie begonnen, diese aber wieder abgebrochen habe, weil sie schon bald erkannt habe, dass der Psychotherapeut ihr nicht helfen könne.

Da Phobien dieser Art häufig aus früheren Inkarnationen herrühren, richtete ich mein Drittes Auge auf ihr fünftes Chakra. Durch diese Art der Energieaufnahme offenbarten sich mir Bilder in meinem Unterbewusstsein, die mir den seelischen Hintergrund ihrer Phobie erschlossen. Die Ursache ihrer Wasserangst lag bereits vier Inkarnationen zurück.

Gabriele war, wie ich sehen konnte, in dem Dorf, in dem sie lebte, die Hüterin des Feuers. Für das Feuer zuständig, trug sie die Verantwortung dafür, dass es stets brannte und niemals ausging. Denn das Feuer sorgte nicht nur für Wärme und Nahrung, es bot vor allem Schutz vor den wilden Tieren, die Tag und Nacht ums Dorf schlichen. Freilich durfte das Feuerholz niemals fehlen, die größte Gefahr für das Feuer aber war der Regen, der oft sintflutartig niederging und das Feuer bedrohte. Dann hatte sie jedes Mal panische Angst davor, dass der Regen das Feuer löschen oder der Fluss über die Ufer treten und so das gehütete Feuer wegspülen könnte.

Dieses Trauma hat sie in ihr aktuelles Leben mitgeschleppt.

Ich löste ihr diese Blockade.

Acht Tage später bekam sie von ihrer Tochter zum Geburtstag eine Schiffsreise geschenkt und von ihrem Schwiegersohn einen Tauchkurs.

Sie war noch skeptisch, nahm aber beide Geschenke bereitwillig an.

Heute, einige Monate sind inzwischen verstrichen, in denen sie schwimmen und tauchen gelernt hat, erscheint ihr ihre einstige Wasserscheu wie ein böser Traum, aus dem sie endlich erwacht ist, um jeden neuen Tag angstfrei und in Freude erleben zu dürfen.

Geistige Aufrichtung bei Muskelschwund

Als der kleine Manuel das erste Mal bei mir auftauchte, hatte er die Symptome eines Muskelschwundes. Er lief permanent nur auf den Zehenspitzen und knickte alle zwei, drei Schritte ein und fiel hin, stand wieder auf und ging dann wieder zwei bis drei Schritte bis zum nächsten Zusammenbruch.

Ich habe an Manuel die geistige Aufrichtung vollzogen.

Nach ungefähr vier Wochen konnte man bei dem Jungen optisch die Veränderung sehen. Er lief nicht mehr auf den Zehenspitzen und fiel auch nicht mehr hin. Zwar stolperte er dann und wann noch, aber das war nicht gravierend.

Negativ beeinflusst wurde meine Behandlung durch die Maßnahmen der Lehrerin wie auch des Schuldirektors, die darauf bestanden, dass Manuel sich, wenn er sich auf dem Schulhof aufhielt, in den Rollstuhl zu setzen hatte. Manuel aber verweigerte das. »Nein, ich setze mich in keinen Rollstuhl«, beharrte er.

Manuel kommt noch immer zu mir zur Behandlung. Seine Fortschritte sind deutlich zu erkennen. Ich bin mir jedoch sicher: Würde sich die Schule jetzt durchsetzen und Manuel in den Rollstuhl zwingen, wäre der Erfolg meiner Behandlung zunichtegemacht.

Ich verstehe nicht, warum die Schule das macht. Aus meiner geistigen Sicht erkenne ich bei Manuel eine kontinuierliche Verbesserung.

Manuels Mutter habe ich darauf hingewiesen, dass sie unbedingt vermeiden soll, dass ihr Junge in einen Rollstuhl gesetzt wird.

Arthrose

Vor einigen Monaten kam eine Frau, 54 Jahre alt, zu mir. Sie hatte starke Schmerzen in der rechten Schulter, in der rechten Hand und in den Fingern der rechten Hand. Sie klagte über Schmerzen im rechten Knie und in den Zehen ihres rechten Fußes. Weiter beklagte sie die Schiefzehe ihres rechten Fußes. Alles auf der rechten Seite!

Ihr Hausarzt hatte ihr erklärt, dass sie an Arthrose und Rheuma leide, und das in einem bereits bedenklichen Stadium. In ihrem Schultergelenk sei die Arthrose so weit fortgeschritten, dass sie ein künstliches Schultergelenk benötige, wenn sie ihren Arm weiterhin benutzen wolle, so der Arzt. Bezüglich ihrer Schiefzehe gab er ihr den Rat, sie dringend operieren zu lassen, damit ihr Fuß wieder schmerzfrei werde.

Der Arzt behandelte sie über einen längeren Zeitraum mit Antibiotika.

Nachdem sich keine Besserung einstellte und ihre Schmerzen immer stärker wurden, hatte sie sich entschlossen, zu mir zu kommen.

Nach einem kurzen Gespräch mit ihrer Seele und einer Überprüfung ihrer Aura bzw. ihres Energiefeldes konnte ich die seelischen Blockaden erkennen und löste diese auf.

Die seelischen Blockaden waren während der Schwangerschaftsmonate und den ersten sieben Lebensjahren entstanden.

Aus schamanischer Sicht sind Rheuma und Arthrose einem seelischen Ungleichgewicht zuzuschreiben. In der Schwangerschaft und in der Kindheit wurde sich zu intensiv um diese Seele gekümmert. Später hat sie das Gefühl, sie müsse sich um alles und jeden kümmern. Das nennen wir das »Kümmerer-Syndrom«.

Das heißt, die Frau kümmerte sich um alles und jeden, nur nicht um sich selbst.

Bei einer Schiefzehe liegt die seelische Ursache oft darin, dass die Seele ihren Weg nicht geradlinig verfolgt hat, sondern sich ständig von ihren Entscheidungen, die sie getroffen hatte, hat abbringen lassen.

Als ich die Blockaden aufgelöst hatte, stellte sich bei der Frau eine Erleichterung ein. Ihre Schmerzen waren weg.

Sieben Monate später teilte sie mir mit, dass sie inzwischen komplett schmerzfrei sei und ihre Schiefzehe sich stark zurückgebildet habe.

Mein Fazit: Allein durch die Aufarbeitung ihrer seelischen Blockaden konnte sie selbst ihre Heilung herbeiführen.

Kopfschlächter

Protokoll einer schamanischen Behandlung

Freitag, 2. Juli 2010: Hermann Schinder[4] ist in meiner Praxis erschienen.

Rainbowman: Setze dich bitte. Lege deine Uhr ab, und sage mir bitte dein Geburtsdatum!
Hermann: Geboren bin ich am 19. März 1942.
Rainbowman: Hermann, was führt dich her?
Hermann: Ich war Metzger und habe meine Viecher beim Bauern selbst geholt und geschlachtet. An manchen Tagen habe ich auch in einem anderen Schlachthof und einige Tage im eigenen Schlachthof gearbeitet. Und die Stiere, die ich geschlachtet habe, die verfolgen mich jetzt bei Nacht. Da muss ich mich retten, da spring ich, da hau ich ab, ich steig irgendwo rauf. Und dann kommen diese riesigen Viecher. Ich hab auch schwere Stiere geschlachtet, und ich war, das will ich sagen, zu meinen Viechern immer anständig. Ich hab nie ein Viech geschlagen, auch die schweren nicht. Aber das Schlachten, das hat mich, scheint's, doch mehr mitgenommen, und da träum ich bei Nacht von riesigen Kühlhäusern des städtischen Schlachthofs. Jedenfalls, die Stiere, die verfolgen mich, und dann muss ich mich retten. Dann steh ich auf, weil ich pinkeln muss, dann leg ich mich wieder hin, und dann geht's gerade wieder so weiter. Da bin ich am Morgen bald ärger geschafft, als wenn ich tagsüber fünfzehn Stunden schaff.
Rainbowman: Das sind nicht aufgearbeitete Erlebnisse in deinem Unterbewusstsein.
Hermann: Ja, das kann sein.

---

4 Name geändert. Hermann spricht breites Schwäbisch, was für viele Leser schwer zu verstehen ist. Wir haben seinen Wortlaut deshalb der Schriftsprache angepasst.

Rainbowman: Was bedrückt dich sonst noch, außer dass deine Stiere dich verfolgen?

Hermann: Seit meinem 20. Lebensjahr ist es mit meinen Füßen abwärts gegangen, und ich hab immer Schmerzen gehabt. Und wenn wir Metzger mal nach getaner Arbeit in die Wirtschaft sind, da bin ich so gegangen, dass mich ja keiner sieht, wie ich hinke, weil mir die Füße so wehgetan haben. Aber ich hab mich durchs ganze Leben durchgeschlagen. Und jetzt tun mir auch die Knie noch arg weh. Da wollte ich fragen, ob man da was machen kann.

Rainbowman: Ich schlage dir Folgendes vor: Wir schauen einmal nach, wo die seelische Geschichte bei dir sitzt, und lösen dir diese seelischen Blockaden auf. Dazu mache ich eine Intuitive Seelenkommunikation mit dir. Ich werde schauen, was deine Seele bedrückt, warum sie das nicht annehmen kann. Man muss dazu auch wissen, auch als Metzger hast du dir für dieses Leben etwas ausgesucht, was du machen durftest.

Hermann: Ich hab's ja müssen.

Rainbowman: Dürfen! Nicht müssen. Dürfen, um diese Erfahrung zu machen. Dazu sollte man sich immer klar vor Augen halten, dass die Tiere niedere Seelenwesen sind, die für den Menschen da sind. Das heißt auch, den Menschen zu ernähren. Nur wir Menschen, wir haben natürlich einen riesen Fehler gemacht, wir haben zu wenig Achtung vor den Seelen der Tiere, und wir gehen nicht sehr friedvoll mit ihnen um. Das ist der Punkt, an dem die Natur und der Geist dieser Seelen zurückschlagen. Und jetzt muss man schauen, dass deine Seele das wirklich annehmen kann, dass sie sieht, du bist friedvoll mit den Seelen der Tiere umgegangen. Und dann kommt wieder die innere Ruhe.

(Nach kurzer Zeit)

Jetzt machen wir eine schamanische Seelenreise. Ich werde mich nun auf diese Reise vorbereiten. Anschließend würde ich mal schauen, wo bei dir noch Blockaden sitzen, in deinem Unterbewusstsein. Und danach schaue ich mal, was mit deinen Beinen los ist, woher deine Knieschmerzen kommen. Ob das vielleicht alles damit zusammenhängt.

Dann beginnen wir jetzt. Mach dich locker, und entspann dich. Ich setze mich auf den Stuhl gegenüber und schaue mir das an. Wann ist noch mal dein Geburtstag?

Hermann: 19. März 1942. Und wie funktioniert das Ganze?

Rainbowman: Das funktioniert folgendermaßen: Ich werde mit meinem Dritten Auge über dein drittes Chakra und über dein fünftes Chakra, das am Hals sitzt, die Energie aufnehmen und einfach schauen, was deine Geschichte ist. Dabei werde ich mir deine Aura anschauen. Ich will dir jetzt den Ablauf verständlich machen: Ich konzentriere mich auf deinen Hals, schließe meine Augen, und dann erscheint bei mir im Unterbewusstsein ein Bild, oder auch nicht, aber wenn ein Bild erscheint, dann arbeite ich mit diesem Bild. Und wenn ich etwas sehe, was ich auflösen kann, löse ich das auf. Wir beginnen.

(Kurze Zeit später, nach diesem Teil der Behandlung)

Rainbowman: Erzähle mir bitte, wann hast du mit dem Schlachten angefangen?

Hermann: Ich habe eine schwere Lehrzeit gehabt und habe jeden Tag Schläge gekriegt.

(Hermann beginnt zu weinen) Und hab jeden Tag sechzehn Stunden arbeiten müssen.

Rainbowman: Habt ihr zu Hause eine eigene Metzgerei gehabt?

Hermann: Nein.

Rainbowman: Wo warst du beim Metzgern?

Hermann: Weiter weg. Und da hab ich nicht nach Hause dürfen. Meistens nicht.

Rainbowman: Wie lief das in dieser Schlachterei ab?

Hermann: Die Viecher sind gekommen, da hat man sie geschossen, gestochen und anschließend von Hand abgebrüht. Da hat's geheißen, du bist ein Baurabua, du hast Kraft, und da hat man alles tragen müssen bis ins Hinterhaus.

Rainbowman: Wie ging's dir von der seelischen Geschichte her, wenn du so ein Tier geschlachtet hast? War das normal für dich?

Hermann: Man hat's halt machen müssen. Die Kälble, zum Beispiel, die hat man nicht erschossen, da hat man mit einem stumpfen Beil auf ihr Hirn geschlagen.

Rainbowman: Im Schamanismus machen wir das anders, wir haben da eine andere Methode. Es ist wahrscheinlich diese Art des Schlachtens, die dir so zugesetzt hat.

Hermann: Das hat man schon gemerkt, wenn du zum Bauern geholt wurdest, wenn du in den Stall rein bist, da hast du gleich gesehen, das wird schwierig werden. Und das dann auch wieder ausladen im Schlachthof. Da ist oft einer weggesprungen und ich hinterher.

Rainbowman: Ich habe so ein Bild aus deinem früheren Leben: Dass du da schon Kopfschlächter warst und dass die Aufarbeitung aus dem früheren Leben jetzt stattfindet. Meine Vermutung hat sich bestätigt, dass du das aus dem früheren Leben mitgebracht hast und deine Seele beschlossen hat, nochmals als Metzger zu inkarnieren, damit du achtsamer bei den Schlachtungen umgehst, was du früher nicht getan hast.

Hermann: Meine Tochter ist in der Schule gewesen, und da haben sie Namen durchgenommen. »Schinder«, da hat die Lehrerin gesagt, das waren früher Henker und Scharfrichter.

Rainbowman: Hermann, du entspannst dich jetzt. Ich nehme Energie aus deinem fünften Chakra auf, und da bekomme ich auch schon die ersten Bilder – ich bin schon vier Inkarnationen zurück. Vor vier Leben warst du schon Kopfschlächter. Es war in der Römerzeit. Du hast für das große römische Heer Rinder geschlachtet, auch Pferde und Kälber. Ihr habt im Krieg alles Mögliche geschlachtet. Sehr rücksichtslos, sehr brutal sehe ich dich, aber das war damals eure Art. Jetzt gehen wir drei Leben zurück. Da sehe ich dich immer noch in der Römerzeit als Schlächter, weiter, zwei zurück, jetzt sind wir in einem ganz normalen zivilen Leben. Das ist gar nicht so lange her. Auch da warst du Schlächter, hast eine größere Metzgerei mit mehreren Angestellten gehabt. Und im vorigen Leben sehe ich dich auch als Metzger. Da spielte Geld als Ursache mit rein. Da ist es nur ums Geld gegangen. Im letzten Leben hattest du eine große Schlachterei, da wurde weitgehend maschinell gearbeitet. Laufgatter sehe ich, aus denen die Rinder nacheinander zur

Schlachtbank kommen. Ein junger Bursche, er zögert, er kann es nicht tun. Jetzt bekommt er von dir eine Watschen, und du nimmst die Sache selbst in die Hand. Du schießt den Riesenbullen. Das ist sicher die Ursache, weil der Bursche es nicht machen wollte, und das ist es, was dich bis heute verfolgt.

Es ist ein brauner Stier, mit großen weißen Flecken auf der Stirn, riesigen Hörnern, ich kann ihn genau sehen. Ich werde mit deiner Seele reden. Wichtig für dich ist, das jetzt zu akzeptieren, denn das, was du erlebt hast, wolltest du erleben. Sag dir selbst Danke für das, was du getan hast.

Seine Aura wird stärker. Er hat sich verändert, und meine Botschaft ist angekommen. Das war jetzt ganz spannend.

Rainbowman: Würdest du dich auf den Rücken legen. Bist du Rechtshänder?
Hermann: Ja, Rechtshänder! Bin schon ziemlich steif.
Rainbowman: Dein rechter Fuß ist mehr als einen Zentimeter länger als dein linker Fuß. Darf ich deine Hände sehen? Wir schauen mal nach, und du sagst mir, ob du etwas spürst. Wir gehen links am Fuß in die neun Monate, als deine Mutter mit dir schwanger war. Jetzt dein rechter Fuß, die ersten sieben Lebensjahre – du sagst mir, ob etwas wehtut.
Hermann: Ja, aua! Das hat wehgetan.
Rainbowman: Ja, da hab ich was.

Der Rainbowman fühlt nach.

Rainbowman: Jetzt gehen wir in die Muttergeschichte während der ersten sieben Jahre. Linker Fuß, auch hier sind viele Blockaden – gut, wir löschen die Blockaden. Und wichtig für dich ist, dass du das so siehst: So, wie es war, war es richtig: Danke, dass ich das erleben durfte.

Ich lege meine Hände jetzt auf deinen Kopf, auf das siebte Chakra. Nun begebe ich mich in die Kundalini, um dort die Blockaden zu prüfen und um noch vorhandene zu beseitigen.

(Nach der Behandlung)

Rainbowman: Wie fühlst du dich?

Hermann: Gar nicht schlecht.

Rainbowman: Locker, entspanne dich, lasse es einfach fließen. Du sagst mir, ob eine Veränderung an deinen Füßen da ist. Ich fange beim rechten Fuß an. Anders als vorher?

Hermann: Anders, ja!

Rainbowman: Linker Fuß?

Hermann: Besser!

Rainbowman: Setz dich jetzt bitte auf, kurz darauf stell dich hin, ja, so. Und jetzt will ich wissen, wie sich das Gehen anfühlt. Ist es anders als vorher? Ist es leichter?

Hermann: Ja, die Füße sind leichter.

Rainbowman: Gut, setze dich. Lass mich jetzt prüfen, inwieweit deine Stiere in deinem Unterbewusstsein diese Blockaden auslösen. Schließe die Augen, und denke genau an jene Stiere, die dir nachts im Schlaf erscheinen, und sage, wenn du dieses Bild deutlich vor dir hast, »Ja«. Dann öffne die Augen, und schaue genau auf meinen Finger. Nicht den Kopf bewegen dabei, nur die Augen. Wenn du so weit bist, dann sage »Ja«!

Hermann: Ja!

Rainbowman: Jetzt öffne die Augen, schaue genau auf meinen Finger.

Die Angst vor den Stieren ist eindeutig noch vorhanden, die müssen wir nochmals löschen, weil sie doch noch tiefer sitzt.

Du nimmst die gleiche Situation wie vorher, dann schaue auf meinen Finger. Schaue genau auf meinen Finger und verfolge genau diesen Finger – richtig nachschauen! Jetzt nochmals das Bild mit dem Stier …

Hermann: Ja.

Rainbowman: Verfolge den Finger mit deinen Augen.

Eine Weile herrscht Stille, dann stößt der Rainbowman einen kurzen Schrei aus und erschreckt damit den Kopfschlächter.

Rainbowman: So, und jetzt überprüfen wir das Ganze und schauen, was wir an Blockaden hervorgeholt haben, was da so tief sitzt, was du aus vier früheren Leben mitgebracht hast. Bitte noch einmal die Augen schließen. Denke an die Situation mit den Stieren – Jjtzt schaue auf meinen Finger, schaue, es sieht total anders aus.

Hermann: Ja!

Rainbowman: Wie fühlst du dich im Moment? Laufe einmal zwei bis drei Schritte, wie sich das anfühlt.

Hermann geht ein paar Schritte.

Hermann: Besser, besser!

Nach dieser schamanischen Arbeit konnte Herman wieder ruhig schlafen. Die Stiere verfolgten ihn nicht mehr in seinen Träumen, und seine Beine wurden zusehends besser.

Mit der Seele eines Pferdes reden

Neulich rief mich eine Pferdebesitzerin an. Sie klagte, dass ihr Pferd kaum noch stehen könne und enorme Schmerzen in den Beinen habe. Sie sagte, die Diagnose des Tierarztes sei Huffäule gewesen. Seit Wochen versuche er schon – leider ohne Erfolg –, dem Tier zu helfen.

Die Besitzerin fragte, ob ich nicht einmal vorbeikommen könnte, um mit der Seele des Pferdes zu reden, schließlich habe sie von meinen schamanischen Fähigkeiten gehört und sei in ihrer Verzweiflung bereit, einen anderen Weg für ihr Pferd zu gehen.

Kurz entschlossen erklärte ich mich bereit, diesen Versuch zu starten.

Ich besuchte die Pferdebesitzerin, und sie führte mich gleich in den Stall. Das Pferd stand allein in einer sehr engen Box. Es machte einen traurigen Eindruck auf mich.

Ich bat die Frau, mich mit dem Pferd allein zu lassen. Als sie gegangen war, setzte ich mich in eine Ecke der Box und nahm Kontakt mit der Seele des Pferdes auf.

Die Seele des Pferdes erzählte mir, dass sie bis vor wenigen Monaten mit anderen Pferden in einem sehr geräumigen Stall untergebracht gewesen war und tagsüber immer auf einer weiten Koppel mit ihnen geweidet hatte. Aber seit sie in dieser kleinen Box eingesperrt war, mochte sie nicht mehr laufen. »Wozu brauche ich denn jetzt noch meine Beine?!«

Ich fragte die Seele, was sie gern verändert hätte. Darauf antwortete sie mir: »Ich möchte nur ’raus aus dieser engen Box und wieder zu den anderen.«

Dies berichtete ich der Besitzerin.

»Es war nur des Geldes wegen. Durch eine private Veränderung hatte ich mir die Unterbringung dort einfach nicht mehr leisten können. Deshalb habe ich mein Pferd hierhergebracht. Und auch, weil ich es dann immer in meiner Nähe habe.«

»Der Kontakt zu den Artgenossen ist jedem Pferd wichtiger als der zum Menschen«, entgegnete ich ihr.

Sie akzeptierte dies kleinlaut und räumte ein: »Wenn ich an die Tierarztkosten denke, habe ich letztendlich auch nichts gespart.« Sie lachte bitter, bedankte sich bei mir und veranlasste, dass ihr Pferd noch in derselben Stunde an seinen alten Pensionsplatz gebracht wurde.

Etwa acht Tage später stellte sich schon eine gravierende Besserung ein. Einige Monate später war die Huffäule weitgehend verheilt, und heute ist das Pferd wieder vollkommen gesund.

Hannes hat Alkoholprobleme

Ein Protokoll

Hannes[5], mein heutiger Klient, war mir nicht fremd. Ich kannte sein Gesicht von meinen Vorträgen her. Zudem hatte ich erfahren, dass sich Hannes für einen meiner nächsten Kurse angemeldet hatte.

Hannes wird von mir lachend begrüßt.

Rainbowman: Wie haben dir denn meine Vorträge gefallen?
Hannes: Prima, ganz toll.
Rainbowman: Und jetzt hast du dich also zu einem Kurs bei mir angemeldet.
Hannes: Ja, ich hab mich angemeldet.
Rainbowman: Und was führt dich heute hierher.
Hannes: Ich hatte Alkoholprobleme, bin schon seit sechs Wochen trocken, hab früher schon mehrmals mit dem Trinken aufgehört, war auch schon in einer Suchtklinik – aber ich glaub, diesmal schaff ich es. Ich glaub nicht nur, sondern ich bin überzeugt, dass ich es schaffe. Aber du hast gesagt, zuerst muss man die Blockaden löschen, erst dann kann man es richtig lösen.
Rainbowman: Das ist richtig. Wenn man die geistige Aufrichtung hat und nachschaut, ob Besetzungen da sind, dann kann man es richtig loswerden.
Hannes: Deswegen bin ich heute hier.
Rainbowman: Gut. Dann schlage ich vor, schauen wir erstmal nach, ob du eine Besetzung hast.

---

5   Name geändert

Hannes: Eines noch: Ich hatte vor längerer Zeit einen Unfall. Bin Fahrrad gefahren und mit dem Kopf vornübergefallen. Ich hab mir die Knorpel so verstaucht, dass meine Bewegungsfähigkeit sehr eingeschränkt ist; das hat man auch auf dem Röntgenbild festgestellt. Es ist inzwischen aber schon besser geworden.

(Während der Behandlung)

Rainbowman: Ich sehe, dass du deinen Kopf nicht mal bis zur Schulter drehen kannst. Von der Brust bis zur Schulter geht's nur etwa bis zur Hälfte.

Hannes: Wenn man da was machen könnte …?

Rainbowman: Wir fangen mit der Besetzung an. Als Schutz für mich lege ich mehrere schwarze Turmaline zwischen uns. Dann werde ich kurz deine Aura reinigen – setz dich entspannt hin –, danach schaue ich gezielt nach Besetzungen. Bei Alkohol- und Drogensucht sind Besetzungen nichts Außergewöhnliches. Man ist in gewisser Weise schutzlos. Also, falls eine Besetzung da ist, werde ich sie 'rausnehmen und entsorgen.

Bleib ganz locker dabei.

(Nach einer Weile)

Zwei Besetzungen sehe ich bei dir, die nehme ich 'raus. Eine Besetzung sehe ich auf deiner rechten Schulter und eine weitere Besetzung direkt über deinem Herzen.

(Behandlung läuft eine Weile)

Rainbowman: Jetzt schaue ich weiter und prüfe das Ganze von oben nach unten. Ja, die Besetzungen sind alle weg. Jetzt schaue ich, wo die Blockaden sitzen. Bist du Rechtshänder?

Hannes: Ja, Rechtshänder.

Rainbowman: Wie war das mit deinem Vater? Deine Beziehung in deiner Jugend zu ihm?

Hannes: Mein Vater war eine starke Persönlichkeit. Ich kam mit ihm so weit klar, aber wenn ich das unter heutigen Aspekten sehe, war es doch auch wieder anders. Du hast einfach als Junge nicht den Stellenwert gehabt. Den Kindern wurde gesagt, jetzt reden die Erwachsenen, und du hältst den Mund.

Heute geh ich mit meiner Enkeltochter ganz anders um, liebevoller; wenn die was fragt, dann erklär ich ihr das. Und die Eltern machen es genauso.

Rainbowman: Hannes, das ist so: Alkoholgeschichten haben meistens mit Liebesentzug in der Kindheit zu tun. Dort wird der Grundstock dafür gelegt. Dazu musst du wissen, falls dich deine Eltern nie mit deinem ganzen Namen angesprochen haben, ist das allein eine Missachtung deiner Seele. In deinem Namen hat jeder Buchstabe eine gewisse Schwingung, und wenn man deinen Namen nicht ausgesprochen hat, sondern einfach nur gesagt hat: »Komm her«, oder dich nur mit dem Spitznamen angesprochen hat, dann ist das ein Liebesentzug für deine Seele gewesen. In der Jugend macht sich das noch nicht bemerkbar, da kann man solche Dinge verdrängen, Aber deine Seele vergisst nichts, und später, wenn du das Gefühl hast, nicht mehr gebraucht zu werden, nicht mehr wert genug zu sein – was man deiner Seele ja in der Jugend vermittelt hat –, flüchtet sich deine Seele in irgendwelche Drogen, in Alkohol oder in sonstige Suchtgeschichten. Und wenn man erst einmal dem Alkohol zugesprochen hat, dann ist man offen für eine Besetzung. Diese Besetzung haben wir jetzt beseitigt. Du musst dir das so vorstellen: Es gibt Seelen in der Mittleren Welt, die in früheren Inkarnationen alkoholsüchtig waren.

Hannes: Kann das der Vater sein?

Rainbowman: Könnte auch der Vater sein. Lebt dein Vater noch? Hatte der auch Alkoholprobleme?

Hannes: Oh ja. Der war häufig besoffen. Aber er ist vor vielen Jahren gestorben.

Rainbowman: Und jetzt stell dir vor, dass diese Seele zum Beispiel nicht ins Licht gehen konnte – und du hast mal einen so richtig über den Durst getrunken, und genau in diesem Augenblick bist du in Resonanz mit dieser Seele gegangen und sie hat dich besetzt. Das würde erklären, warum du immer wieder erfolglos Entziehungskuren gemacht hast. Löscht man aber die Besetzung, dann hält auch die Entziehungskur. Jetzt kann der supergute Weg, den du gehst, gefestigt werden. Jetzt löschen wir noch deine Blockaden, die aus deiner Kindheit herrühren. Das gibt dir dann deine Wertigkeit, dein Selbstwertgefühl, dein Vertrauen zurück. Und dann ist es für dich ein Leichtes, mit dieser Geschichte fertigzuwerden. Das machen wir jetzt. Leg dich hin.

(Während der Behandlung)

Rainbowman: Dieser schwarze Turmalin ist immer zu meinem Schutz. Wir schauen jetzt nach.

Dein linker Fuß ist länger als dein rechter, und ich würde vorschlagen, dass wir die geistige Aufrichtung machen und anschließend das Löschen der Blockaden in Angriff nehmen.

Wir schauen nach in der Zeit, in der deine Mutter mit dir schwanger war. Danach in deinen ersten sieben Lebensjahren.

(Behandlung, Hannes stöhnt vor Schmerzen)

Du hast sowohl eine schmerzhafte Vater- wie auch eine schmerzhafte Mutterbeziehung. Wobei deine Vatergeschichte noch heftiger ist.

So, jetzt bist du durch.

Hannes: (lachend) Gott sei dank.

Rainbowman: Du lachst ja noch. Dann ist ja noch alles in Ordnung.

Jetzt mache ich die geistige Aufrichtung. Entspann dich, bleib ganz locker.

(Es folgt die geistige Aufrichtung.)

Rainbowman: Jetzt prüfen wir, was passiert ist. Du sagst, ob sich etwas an deinen Füßen verändert hat. Schauen wir mal nach Vatergeschichten.

Hannes: Du drückst den Fuß genauso fest wie vorher?

Rainbowman: Fester sogar.

Hannes: Dann ist es weg.

Rainbowman: Du wirst auf meinem Seminar selbst lernen, wie man Blockaden löscht.

Gut, stell dich bitte hin. So, Blockaden und Besetzungen sind weg.

Hannes: War das alles? Hast du mit der Wirbelsäule etwas gemacht?

Rainbowman: Aber ja. So, jetzt lauf mal zwei, drei Schritte, wie fühlt sich das an?

Hannes: Anders als vorher.

Rainbowman: Dreh den Kopf. Oh, über fünfzig Prozent mehr Drehung als vorher. Wie fühlt sich das an, wenn der Kopf sich jetzt so weit drehen lässt?

Hannes: Lockerer, alles viel lockerer.

Rainbowman: Du wirst sehen, in zwei Stunden bringst du ihn bis zur Schulter.

Hannes: Die Verspannung, alles ist weg. Ich hab nie so richtig aufrecht gehen können, weil ich immer eine Schonhaltung mit dem Kopf hatte.

Rainbowman: Du bist auch größer geworden. Und du kannst deinen Kopf schon fast bis zur Schulter bringen.

Hannes: Kann man das nochmals wiederholen?

Rainbowman: Das braucht man nicht zu wiederholen. Das bleibt so. Es wird sogar noch besser.

Angst vor Schlangen

Neulich, bei einem Vortrag, meldete sich eine Besucherin, so um die 25 Jahre alt. Sie sagte, dass sie panische Angst vor Schlangen habe, und fragte, ob ich in der Lage sei, diese Ängste aufzulösen.

Ich bat sie, nach vorn zu kommen und mir ihre Geschichte zu erzählen.

Ohne zu zögern kam sie zu mir auf die Bühne und legte los: »Ich habe diese Angst vor Schlangen, seit ich denken kann. Wenn in Filmen Schlangen vorkommen, muss ich wegschauen. Oder wenn in einem Buch eine Schlange abgebildet ist, da läuft es mir eiskalt den Rücken 'runter, eine solche Angst packt mich da.«

Da weit über zweihundert Besucher im Saal waren, fand ich es schon sehr mutig, wie offen sie über ihre Ängste sprach, und vor allem, dass sie mir erlaubte, über alles, was ich bei ihr sehen würde, vorbehaltlos zu erzählen.

Ich begann mit den üblichen Vorbereitungen, fragte sie also nach ihrem Namen und nach ihrem Geburtsdatum, um bei der Geistigen Welt nachzufragen, ob ich diese Ängste auflösen durfte.

Nach dem erteilten Ja aus der Geistigen Welt prüfte ich, mit einer speziellen schamanischen Methode, woher ihre Schlangenangst rührte.

Die Ursache dafür fand ich im neunten Schwangerschaftsmonat. Die Nabelschnur hatte sich um den Hals des Kindes gelegt. Von diesem Schock hatte sich die junge Frau bis zu dem Tag nicht wirklich erholt. Die Schlange wurde zum Symbol der Nabelschnur, die das so junge Leben bedroht hatte.

Durch die Auflösung dieses Erlebnisses konnte ich in Sekundenschnelle die junge Frau von ihren Ängsten befreien.

Im nächsten Moment meldete sich die Mutter der jungen Frau, die ebenfalls zu meinem Vortrag gekommen war. Sie bestätigte meine Geschichte mit der Nabelschnur, die bis zu diesem Zeitpunkt in Vergessenheit geraten war.

»Sag, was du denkst und fühlst«

Eine Patientin klagte über permanente Knieschmerzen – in beiden Knien, und das schon über mehrere Jahre hinweg. Röntgenbilder und Kernspin hatten keinen Hinweis auf eine Erkrankung oder einen Verschleiß gebracht; physiotherapeutische Behandlungen waren für die Katz gewesen.

Deshalb kam die Patientin zu mir.

Ich entschloss mich zu einer Seelenkommunikation, meditierte und verband mich mit der Seele und den Seelenanteilen beider Knie der Patientin. Daraufhin fragte ich die Seele: »Woher kommen diese Schmerzen? Was wollen sie uns sagen?«

Die Seele antwortete mir: »Die Schmerzen in den Knien kommen eigentlich vom Magen.«

Also setzte ich mich mit dem Seelenanteil des Magens in Verbindung und fragte ihn, was es mit den Knieschmerzen auf sich habe.

Die Seele antwortete: »Diese Person schluckt alles, sagt zu allem Ja und Amen. Ob es ihr nun passt oder nicht. In der Familie ist sie der Mülleimer, in den jeder seinen seelischen Mist kippen darf. Sie rennt für alle. Mach dies, mach das. Nicht ein einziges Nein kam ihr jemals über die Lippen. Sie schluckt und schluckt. Also schickte ich Magenschmerzen. Ohne Erfolg, sie hat nicht reagiert, die Zeichen nicht verstanden. Deshalb habe ich die Schmerzen an die Knie weitergeschickt.«

Ich erzählte der Patientin dies und schilderte ihr die Situation. Sie fing an zu weinen und meinte: »Du hast ja recht, ich funktioniere nur noch.«

»Wenn du nicht damit aufhörst, alles zu schlucken und nur für die anderen zu funktionieren, wirst du die Schmerzen nicht los. Stehst du aber fortan zu deinen eigenen Wünschen und Vorstellungen, sagst, was du denkst und fühlst, kümmerst dich mehr um dich selbst, dann wird sich das alles auflösen.«

Innerhalb der nächsten Monate waren ihre Knieschmerzen weg.

Missbrauch

Eine Frau, 55 Jahre alt, kam zu mir und klagte über schwere Depressionen. Sie hatte das Gefühl, nichts wert zu sein. Eine Behinderung am rechten Bein, die sie seit ihrer Geburt hatte, war zudem erkennbar. Dazu hatte sie noch eine ganze Reihe von Problemen, die sie fein säuberlich aufgelistet hatte, dabei.

Nachdem sie mir alle Probleme ausführlich erläutert hatte, nahm ich die Frau an der Hand und stellte sie vor einen Spiegel. Sie wehrte sich vehement dagegen. Als ich sie weiter dazu drängte, schluchzte sie, dass sie einfach nicht in der Lage sei, in einen Spiegel zu schauen. So endete mein Versuch mit einem Zusammenbruch und Weinkrampf von ihr.

In ihrer Aura erkannte ich sehr deutlich den sexuellen Missbrauch, den sie als Kind hatte erdulden müssen.

Ich löste ihre Blockaden aus den neun Schwangerschaftsmonaten und den ersten sieben Lebensjahren.

Jetzt konnte ich sie vor den Spiegel stellen. Sofort sah man die Veränderung. Die Frau konnte sich wieder anschauen, ja, sie lächelte sogar ihrem Spiegelbild zu.

Als Hausaufgabe gab ich ihr folgende Spiegelübung:

Zur Festigung ihres Selbstwertgefühls, auch zur Akzeptanz ihres Körpers, sollte sie vier Wochen lang jeden Tag zehn Minuten nackt vor dem Spiegel stehen und sich nur anschauen.

Probiere diese Übung einmal selbst aus! Du wirst dich wundern, wie schwer das ist.

Kniegelenke

Die Frau war gerade 61 Jahre alt geworden, als sie zu mir kam – auf Krücken, mit Schmerzen in beiden Kniegelenken. Sie zeigte mir die erstellte Arthroskopie, die die Diagnose des Arztes bestätigen sollte. Er riet ihr zu künstlichen Kniegelenken. Das linke sollte sie bereits in 14 Tagen bekommen, und mit dem anderen, so der Arzt, sollte sie auch nicht allzu lange warten.

Die Arthroskopie zeigte lediglich eine Verletzung des jeweiligen Knies.

Nach der geistigen Aufrichtung und Löschung der Blockaden war umgehend eine Verbesserung eingetreten. Sie konnte ohne Krücken den Heimweg antreten.

Und künstliche Kniegelenke brauchte sie nicht.

Ein Geschwür am Hals

Ich habe bereits einen Termin für meine OP«, sagte die Frau, die mir an einem Oktobertag des vergangenen Jahres schwarz gekleidet in meinem Behandlungszimmer gegenübersaß. Eine Freundin hatte sie zu mir geschickt. Jetzt schaute sie mich ratlos an und fragte sich wohl innerlich, was sie hier eigentlich zu suchen hatte.

»Mein Mann ist vor ein paar Wochen gestorben«, sagte sie, vielleicht nur, um irgendetwas zu sagen, und fügte nach einer erneuten, ihr wohl unangenehmen Schweigeminute hinzu: »Ich habe einen Tumor am Hals, der entfernt werden muss.«

Dann wies sie mich noch einmal darauf hin, dass der OP-Termin bereits feststehe.

Ich fragte sie: »Was denkst du, was ich für dich tun kann? Und weshalb kommst du zu mir, wo du doch schon einen OP-Termin hast?«

»Meine Freundin besuchte einen Vortrag von dir und sagte, dass mein Tumor mit aller Wahrscheinlichkeit einen seelischen Hintergrund habe und dass du eventuell in der Lage seiest, mir dabei zu helfen, den seelischen Hintergrund aufzulösen«, antwortete die Frau.

»Glaubst du denn an so etwas?«, fragte ich weiter.

»Eigentlich nicht, aber ich habe schon viel von dir gehört und deshalb meinen ganzen Mut zusammengenommen, und jetzt bin ich hier.«

Ich bat sie, mir ihr Geburtsdatum und ihren Vornamen zu sagen, und verband mich mit der Geistigen Welt, um zu sehen, ob ich hier helfen durfte. Bald fand ich die Ursache:

Sie hatte sich diesen Tumor durch Erzeugen eines Elementals selbst hergewünscht! Sie hatte ihn mit dem Gedanken erzeugt: »Er hängt mir wie ein Geschwür am Hals und an meinem Geld!«

Der Tumor sollte zwischen ihr und ihrem Mann stehen. Einem Mann, den sie, als ihre Liebe gegangen war, mit der Zeit immer mehr verabscheut hatte, weil er es vorgezogen hatte, sich mit einer anderen Frau zu treffen. »Lieber sterben, als länger mit und neben diesem Mann leben zu müssen, der wie eine Klette an mir hängt.« Als ihr Mann dann aber vor ihr starb, ist ihr der Tumor geblieben. Loslassen konnte sie ihn nicht mehr, da waren ihr ihre Schuldgefühle im Weg.

»Wir werden den OP-Termin vorverlegen«, sagte ich ihr lächelnd. Und fügte hinzu. »Bei dieser OP fließt kein Blut, es ist eine geistige OP, die ich jetzt gleich an dir vornehmen werde.«

Ich bereitete mich auf eine sehr intensive intuitive Seelenkommunikation mit dem Tumor vor. Meine geistige Seelenkommunikation verlief zunächst nicht ganz einfach, weil der Seelenanteil des Tumors keinen Grund sah zu gehen, schließlich hatte sie ihn durch die Erzeugung eines Elementals hergebeten. So verlief die geistige OP nicht ohne Komplikationen. Der Tumor ließ sich (geistig) nicht fassen. Ständig entglitt er mir. Ich musste ihn (geistig) vereisen, um ihn (geistig) zerstückeln und auflösen zu können.

Nach etwa zwanzig Minuten war alles vorbei. Es war mir gelungen, in Zusammenarbeit mit der Geistigen Welt eine Vereinbarung zu treffen.

Ich erklärte der Frau anschließend meine Vorgehensweise und machte ihr nochmals klar, dass nicht ich es war, der die Veränderung herbeiführte, sondern dass es durch mich geschah, und lächelte sie an.

Sie lächelte zurück, schien Vertrauen zu mir gefasst zu haben, denn durch das Lösen ihrer Blockaden signalisierte sie, auch innerlich bereits frei zu sein.

Schon in den nächsten Tagen spürte sie eine Veränderung, die sie zum Anlass nahm, ihren OP-Termin abzusagen.

Es gibt keinen Sohn, oder: Was man so alles in der Aura sehen kann!

V or einigen Tagen suchte mich ein älteres Ehepaar auf. Die Frau war 83, ihr Mann 81 Jahre alt. Sie wohnten in einer benachbarten Gemeinde.

»Könnten Sie mal nach meiner Frau sehen«, bat der Mann. »Seit ein paar Jahren schon hat sie andauernd starken Husten und Halsschmerzen.«

Ich bat die Frau, mir über ihr Leben zu erzählen.

Sie ließ sich nicht lange bitten, und während die rüstige Dame erzählte und erzählte, beobachtete ich ihre Aura. Dabei fiel mir auf, dass, sobald sie auf ihren Sohn zu sprechen kam, ihre Aura in sich zusammenfiel.

»Erzählen Sie mir etwas über Ihren Sohn«, bat ich.

Bereitwillig begann sie zu erzählen. Aber ihre Aura erholte sich nicht, im Gegenteil, sie war nun so gut wie überhaupt nicht mehr vorhanden.

Nach kurzer Überlegung fragte ich sie, wie alt ihr Sohn denn sei.

Das Paar antwortete wie im Chor und wie aus der Pistole geschossen: »51 Jahre alt!«

Eine kurze und bündige Aussage!

Doch musste ich feststellen, dass diese Antwort allein schon bewirkte, dass nun auch die Aura ihres Mannes zusammenbrach.

Da wusste ich, dass die beiden nicht die Wahrheit sagten. Wenn ich den Zusammenbruch ihrer Auren richtig gedeutet hatte, konnten die beiden keinen Sohn haben.

»Was erzählen Sie mir von einem Sohn, den es gar nicht gibt!«

Mit diesen Worten konfrontierte ich sie mit ihrer Lüge.

»Was fällt Ihnen ein«, erwiderte der Mann, »wir haben wohl einen Sohn, der ist Dirigent im örtlichen Musikverein.«

»Ihr habt keinen Sohn!«, beharrte ich stur.

Daraufhin verließen die beiden entrüstet meine Räume.

Einige Minuten später klopfte es an meine Tür. Da standen die älteren Herrschaften wieder, er mit hochrotem Kopf und seine Frau leichenblass daneben.

»Dürfen wir noch einmal mit Ihnen sprechen?«, fragte der Mann.

Ich nickte und bat die beiden einzutreten.

Er entschuldigte sich, dass sie so Hals über Kopf und obendrein wütend davongerauscht waren. Jetzt seien sie aber bereit, mir ihre wahre Geschichte zu erzählen, und so erfuhr ich Folgendes:

Da die Frau keine Kinder bekommen konnte, hatten sie vor 51 Jahren einen Sohn adoptiert und diesen als ihr eigenes Kind ausgegeben. Damit es in der Gemeinde niemand erfuhr, hatten sie, von langer Hand geplant, eine weite Reise unternommen. Es war ein Geheimnis, von dem sonst niemand wusste.

Ich erklärte dem Ehepaar die seelische Ursache der Krankheit: »Nicht ausgesprochene Geheimnisse können Halsschmerzen und Husten verursachen.«

Es war also wichtig, dass die Frau mit mir über ihr Geheimnis gesprochen hat, denn nur so konnte sie sich selbst von ihren Krankheiten befreien, und der Erfolg stellte sich auch bereits nach wenigen Tagen ein.

Nicht sehen, nicht laufen

G estern kam Kerstin zu mir. Sie ist Jahrgang 1964, verheiratet und hat einen 13-jährigen Sohn. Sie erzählte mir, dass sie, als ihr Sohn vier Jahre alt gewesen war, plötzlich erblindet sei. Ein Jahr später sei sie an multipler Sklerose erkrankt.

»Es fing mit den Beinen an«, erzählte sie. »Dann entwickelte sich die Krankheit sehr rasch, und ehe ich mich versah, saß ich im Rollstuhl.«

Darin sitzt sie auch heute noch. Sie ist geistig fit, ganz klar im Kopf und kann, trotz ihrer Behinderungen, alles wahrnehmen.

Kerstins Ehemann hatte sie hergebracht. Aber sie wollte ihn nicht dabeihaben, während sie mit mir redete. Sie wollte mit mir allein sein. Also bat sie ihn, draußen zu warten. Der genaue Wortlaut ihrer barschen Bitte war: »Und du gehst raus und wartest draußen!«

Als sie mir gegenübersaß, erzählte ich ihr ein bisschen, wie ich aussehe, denn sie ist ja blind. Daraufhin fragte sie mich, ob sie mein Gesicht anfassen dürfe, und ich sagte, sie könne mich selbstverständlich anfassen. Dann setzte ich mich vor sie hin, und sie tastete ganz behutsam meinen Kopf ab, meine Haare. Sie sagte: »Du hast schöne, lange Haare.« Sie tastete meine Augen, meine Nase, mein Kinn, meine Wangen ab, meine Schultern und meine Arme, dann sagte sie: »Reinhard, jetzt kann ich dich sehen.«

Ich fragte, wie immer, nach dem Geburtsdatum und fragte die Geistige Welt, ob ich mit Kerstin arbeiten dürfe. Als mir das Einverständnis signalisiert wurde, ließ ich mir von Kerstin noch einmal ausführlicher ihre Krankheitsgeschichte, von ihrer Erblindung und von den Symptomen der multiplen Sklerose, berichten.

Ich forschte nach der seelischen Ursache: Kerstin war, bevor sie erkrankte, Lehrerin. Was mir sofort auffiel, war, dass sie von sich verlangte, in ihrem

Beruf perfekt zu sein. Alles hatte korrekt zu sein. Ihr Leben war geprägt von Stringenz und Kontrolle. Fünf gerade sein lassen kam nicht infrage.

»Dass du immer perfekt sein willst, ist die seelische Ursache für deine Erkrankung«, sagte ich.

Kerstin fing an zu weinen. Sie schluchzte: »Das war schon als Kind so. Bei meinem Vater musste immer alles korrekt sein. ›Man macht das so und nicht so.‹ Was immer ich auch tat, nichts war gut genug für ihn. Er war es auch, der mich in den Lehrberuf gedrängt hat. Und auch als Lehrerin musste ich alles nur tun, um den anderen gerecht zu werden.«

Ich erklärte ihr: »Deine Seele war mit dieser Situation nicht einverstanden. Da du aber nicht bereit warst, in deinem jetzigen Leben etwas zu verändern, hat die Geistige Welt dafür gesorgt, dass du quasi gezwungen wurdest, alles loszulassen. Jemand, der nicht mehr sehen kann, jemand, der nicht mehr laufen kann, ist nicht perfekt.«

Nach einem langen Seelengespräch mit Kerstin fiel es ihr wie Schuppen von den Augen, und sie versprach dankbar, ab jetzt ihr Leben aus eigenem Antrieb zu verändern. Denn auch jetzt, in ihrem kranken und behinderten Zustand, gab es einen Ehemann, der sie wie ein kleines Kind zurechtwies, und es gab noch immer eine Mutter, die sie mit ›guten Ratschlägen‹ drangsalierte. Nichts hatte sich seit ihrer Kindheit verändert. Man spielte dasselbe Spiel mit ihr wie damals, und sie spielte mit.

Als ich mit ihr darüber redete, ihr erklärte, dass sie sich durchsetzen solle, aber mit Liebe, dass diese Aufgabe aus der seelischen Welt so bestimmt worden sei, weil sie sich vor dieser Inkarnation selbst für diesen Weg entschlossen habe, schien sie das zu begreifen, und sie sagte: »Danke, dass ich das erleben durfte.« Sie war auch bereit, allen Seelen, die sie verletzt und gedemütigt hatten, zu verzeihen: ihrer Mutter, die sie ein Leben lang bevormundet hatte, wie auch ihrem Mann. Diesen Seelen konnte sie schließlich dankbar sein, dass sie bereit waren, sie auf diesem schweren Weg zu begleiten. Kerstin war total in ihrem Rollstuhl zusammengesunken zu diesem Termin gekommen, psychisch auf dem absoluten Nullpunkt. Als sie nach der Behandlung den Raum in ihrem Rollstuhl verließ, war sie eine andere Frau. Sie saß aufrecht, selbstbewusst, hatte einen freudigen Gesichtsausdruck und fühlte sich richtig gut.

Es war unglaublich, was zwischen Kerstin und mir für eine Energie geflossen war. Nach diesem Seelengespräch war Kerstin eine andere, und ich für meinen Teil bin immer wieder dankbar, dass ich solchen Leuten, solchen Seelen, durch ein Gespräch eine Unterstützung geben kann.

Gebrochenes Handgelenk

Montag früh kam eine Mutter mit ihrem Sohn zu mir. Sie erzählte, dass ihr Sohn sich am Sonntagnachmittag gegen sechzehn Uhr bei einem Sturz auf der Treppe das linke Handgelenk gebrochen hatte – genauer gesagt, die Elle. Sie hatte ihren Sohn ins Krankenhaus gebracht, und dort war zunächst eine Röntgenaufnahme gemacht worden. Darauf war ein Riss, etwa so breit wie ein Streichholz, im besagten Knochen zu erkennen gewesen. Der diensthabende Arzt hatte die Hand bandagiert, aber nicht gewusst, wie er weiter verfahren sollte. Er hatte der Mutter gesagt, dass sie am Montag wiederkommen müsse, wenn der Chefarzt da sei. Der werde dann, nach einer weiteren Röntgenaufnahme, entscheiden, ob der Bruch genagelt bzw. ob eine Platte eingesetzt werden müsse oder ob ein Gipsverband ausreiche.

In aller Frühe kam die Mutter dann mit ihrem Sohn zu mir.

Es war exakt neun Uhr, als ich mich dazu entschloss, mit dieser Hand eine Zeitreise zu unternehmen. Genaugenommen nahm ich die Energie dieser Hand auf, um mit ihr zurück zum Sonntagnachmittag zu reisen, zu dem Zeitpunkt, zu dem der Unfall noch nicht geschehen war. Dort schaute ich mir das Handgelenk des Jungen energetisch an – wie er Ball mit der Hand spielt, wie er damit schreibt. Daraufhin ließ ich die Zeit ablaufen bis ins Hier und Jetzt. Ich ließ den Unfall ganz normal geschehen, habe aber während dieser Reise den Knochen in Gedanken dematerialisiert, die Materie aufgehoben, den Knochen neu geformt und diesen dann wieder in Materie umgewandelt. Als nächsten Schritt reiste ich drei Monate weiter in die Zukunft, um mir anzuschauen, wie der Junge mit dieser Hand Ball spielt, wie er schreibt, wie sie einfach wieder in Ordnung ist. Anschließend bin ich wieder ins Hier und Jetzt gereist und habe ihm diese Energie aus der Zukunft auf sein Handgelenk übertragen. Nach zehn Minuten war die Behandlung abgeschlossen.

Anschließend fuhr die Mutter mit ihrem Sohn direkt ins Krankenhaus. Dort wurde eine zweite Röntgenaufnahme gemacht. Gegen zehn Uhr dreißig hat der Chefarzt der Klinik beide Aufnahmen verglichen. Auf der aktuellen Aufnahme war kein Knochenbruch mehr zu sehen.

Zeitreise zum Pferdeunfall

Daniela, eine Bekannte aus dem Bregenzer Wald, ging an einem Sonntagnachmittag mit ihren Freunden spazieren. Ihr Weg führte sie über einen ausgeschilderten Wanderpfad, zwischen Ackerland und Wiese, als ihnen plötzlich zwei reiterlose und wohl durchgegangene Pferde entgegenkamen. Die Pferde galoppierten genau auf die Gruppe zu. Die Freunde konnten noch ausweichen, Daniela aber wurde von den Hufen eines der Pferde erfasst und in hohem Bogen in die Wiese geschleudert. Beim Aufprall brach sie sich mehrere Rippen. Die Freunde alarmierten die Notrufzentrale. Mit einem Hubschrauber wurde Daniela ins Krankenhaus gebracht und dort ärztlich versorgt.

Anke, Danielas Freundin, die mit dabei war, als das Unglück passierte, schrieb mir, weil sie mich telefonisch nicht erreichen konnte, spät in der Nacht eine E-Mail, in der sie mir in wenigen Sätzen berichtete, was geschehen war. Als ich um Mitternacht nach Hause kam, las ich diese E-Mail. Ich zögerte keinen Moment, Anke zurückzurufen, um mir den Vorfall genauestens schildern zu lassen.

Jetzt wusste ich, was zu tun war, und unternahm eine Zeitreise. Das heißt, ich reiste in die Zeit und zu diesem Ort, als das Unglück passierte. Ich sah die Pferde auf die Gruppe zugaloppieren, sah Daniela, wie sie von dem Pferd erfasst wurde, und ließ das geschehen. Als sie dann durch die Luft geschleudert wurde, legte ich ihr in Gedanken ein meterdickes Mooskissen unter, auf dem sie dann auch landete. Ich ließ sie mit dem Hubschrauber ins Krankenhaus bringen. Die Ärzte dort aber habe ich gegen meine geistigen Ärzte ausgetauscht. Diese versorgten sie im Krankenhaus und führten die Behandlung durch.

Ich arbeitete derweilen mit Daniela energetisch, das heißt, ich dematerialisierte in Gedanken ihre Rippen setzte sie neu zusammen.

Am nächsten Tag telefonierte ich mit Anke, ihrer Freundin. Ich versprach ihr: »In drei Tagen ist Daniela wieder zu Hause und wieder weitgehend hergestellt.« Das war meine Information aus der Geistigen Welt.

Am selben Tag noch rief mich Daniela aus dem Krankenhaus an. Sie erzählte mir, dass sie in dieser Nacht intensiv gespürt hatte, wie ich mit ihr arbeitete. Sogar die Uhrzeit konnte sie mir sagen.

Nach drei Tagen verließ Daniela das Krankenhaus. Sie hatte zwar noch leichte Schmerzen in der Rippengegend, war aber nach 14 Tagen absolut schmerzfrei, und das, obwohl die Ärzte bei der Erstversorgung sechs Rippenbrüche diagnostiziert hatten.

Heute habe ich bei Daniela nachgeschaut, warum dieser Unfall überhaupt passieren musste. Rippenbruch und Brustkorb deuteten darauf hin, dass Daniela sich in ihrem Leben zu sehr eingeengt hatte. Ihr Handeln, Fühlen und Denken war eingezwängt in starre Regeln und Abläufe, die sie sich selbst geschaffen hatte. Diese Rippenbrüche wollten ihr sagen: »Brich endlich aus dir aus, reiße die Zäune, die du um dich herum geschaffen hast, nieder.«

Daniela hat das verstanden und sich dazu entschlossen, bei mir eine Ausbildung zur Geistheilerin zu beginnen.

Automatisches Schreiben

Wir hatten in einem Seminar automatisches Schreiben durchgenommen. Wie das vor sich geht, wurde im theoretischen Teil dieses Buches bereits beschrieben. Bei diesem letzten Seminar erzählte Iris, eine Seminarteilnehmerin, uns ihre Geschichte:

»Ich schrieb in einer fremden Sprache. Spanisch vielleicht, vielleicht auch Französisch. Aber das war keine moderne Umgangssprache, sondern eine alte Version dieser Fremdsprache. Etwa so, wie bei uns das Mittelhochdeutsche. Ich wusste mit ihr nichts anzufangen, ging, ohne darüber groß nachzudenken, ins Bett, wachte morgens auf, duschte, und während ich mich abtrocknete, bemerkte ich auf einmal, dass ich in dieser Sprache reden konnte. Ich hatte laut vor mich hingesprochen, fand das Ganze toll, denn mir fiel auf, dass das genau die Sprache war, die mir beim automatischen Schreiben aus dem Handgelenk geflossen war. Auf einmal sah ich Bilder vor mir. Ich war Angestellte an einem Fürstenhof, hatte eine Papierrolle in der Hand und las ein Todesurteil vor. Dieses Urteil galt meiner Tochter Marie. Das ist die Geschichte.«

Nachdem ich mir die Geschichte von Iris angehört hatte, tauchte ich über ihr fünftes Chakra in ihre früheren Leben ein und fand, drei Inkarnationen zurück, Folgendes: Die junge Dame, in der Iris ihre Tochter Marie erkannte, war in einer Kräuterkammer beschäftigt. Sie pulverisierte dort in einem Mörser getrocknete Kräuter. Im Hintergrund trat nun ein Mann an sie heran, der ihr giftige Beeren brachte, welche sie mit Kräutern zu einer Paste mischen sollte. Diese Mischung nahm der Mann mit in die Küche. Dort war Iris als Köchin beschäftigt. Sie sollte nun, auf Anweisung des Mannes, den bereits fertigen Braten mit dieser Paste einschmieren, und um der Anweisung Nachdruck zu verleihen, bedrohte er Iris mit einem Dolch. Es war der Braten für ein Festmahl, an dem drei Personen teilnahmen. Sie aßen von dem Braten und starben unmittelbar danach an den Folgen der Vergiftung. Gedacht gewesen war das Gift allerdings für eine ganz andere Person, nämlich für den Hofherrn selbst. Der ließ alsbald die Köchin rufen, um von ihr zu erfahren, was genau vorgefallen war.

Das Bild verschwamm. Die nächste Information, die ich erhielt, war die: Das Mädchen Marie aus der Kräuterküche wurde verhaftet, ebenso die Köchin Iris. Plötzlich kam noch eine Frau ins Spiel, die der Köchin gut zuredete. Das nächste Bild zeigte, wie der Mann, der die Beeren geliefert hatte, und das Mädchen aus der Kräuterküche enthauptet wurden.

Das ist die Geschichte. Eine karmische Geschichte, die danach aufgelöst wurde. Die Köchin Iris musste das Todesurteil gegen den Beerenlieferanten und ihre eigene Tochter vorlesen. Das Urteil war der Text, den sie beim automatischen Schreiben notiert hatte. Es war die Bedingung dafür gewesen, dass sie freigesprochen und nicht auch dem Henker übergeben wurde.

Gedanken zum Ende

Der Begriff Schamane lässt sich erstmals gegen Ende des 17. Jahrhunderts in Deutschland nachweisen. Der Schamanismus ist aber natürlich viel älter; seit etwa 100 000 Jahren gibt es Medizinmänner, Heiler, Weise. Allgemein bezeichnen wir mit Schamanismus ein System von Glaubensvorstellungen in verschiedenen alten Kulturen. Es umfasst dabei in der Regel mehr als Religion.

Der Schamane verfügt über besondere Eigenschaften, die es ihm erlauben, zum Wohl der Gemeinschaft zwischen dem Diesseits und dem Jenseits zu reisen. Er stellt veränderte Bewusstseinszustände her, um mit Geistwesen in Kontakt zu treten.

Meine eigenen Erfahrungen mit dem Seelenschamanismus haben mir gezeigt, dass ich, je intensiver ich mich in einen Thetazustand begebe – einen sehr tiefen Meditationszustand –, desto mehr Informationen erhalte über den Zustand der Seele der Person, mit der ich mich gerade beschäftige. Durch diese Informationen über den Seelenzustand bin ich in der Lage, Veränderungen hervorzurufen, um eine Unpässlichkeit zu beseitigen.

Ich sehe mich selbst als Vermittler auf seelischer Ebene zwischen dem Diesseits und dem Jenseits.

Wenn dich die Ausführungen und Einblicke in diesem Buch fasziniert haben und du den inneren Ruf hörst, selbst den Weg des Seelenschamanismus zu gehen, würde ich mich freuen, wenn du dich für eine Ausbildung zum Seelenschamanen entscheiden würdest.

Nähere Informationen über meine Akademie findest du unter:
www.rainbow-rs.de